中国金融四十人论坛

CHINA FINANCE 40 FORUM

致力于夯实中国金融学术基础，探究金融领域前沿课题，
引领金融理念突破与创新，推动中国金融改革与发展。

中国的根基

徐 忠◎著

中信出版集团 | 北京

图书在版编目（CIP）数据

中国的根基 / 徐忠著 . -- 北京 : 中信出版社，2020.6

ISBN 978-7-5217-1592-7

Ⅰ . ①中… Ⅱ . ①徐… Ⅲ . ①农村金融改革—研究—中国 Ⅳ . ① F832.35

中国版本图书馆 CIP 数据核字 (2020) 第 028689 号

中国的根基

著　　者：徐　忠

出版发行：中信出版集团股份有限公司

（北京市朝阳区惠新东街甲 4 号富盛大厦 2 座　邮编　100029）

承 印 者：北京通州皇家印刷厂

开　　本：787mm × 1092mm　1/16　　印　　张：16.5　　字　　数：160 千字

版　　次：2020 年 6 月第 1 版　　印　　次：2020 年 6 月第 1 次印刷

广告经营许可证：京朝工商广字第 8087 号

书　　号：ISBN 978-7-5217-1592-7

定　　价：56.00 元

中国金融四十人论坛书系
CHINA FINANCE 40 FORUM BOOKS

“中国金融四十人论坛书系”专注于宏观经济和金融领域，着力金融政策研究，力图引领金融理念突破与创新，打造高端、权威、兼具学术品质与政策价值的智库书系品牌。

中国金融四十人论坛是中国最具影响力的非官方、非营利性金融专业智库平台，专注于经济金融领域的政策研究与交流。论坛正式成员由40位40岁上下的金融精锐组成。论坛致力于以前瞻视野和探索精神，夯实中国金融学术基础，研究金融领域前沿课题，推动中国金融业改革与发展。

自2009年以来，“中国金融四十人论坛书系”及旗下“新金融书系”“浦山书系”已出版100余本专著。凭借深入、严谨、前沿的研究成果，该书系已经在金融业内积累了良好口碑，并形成了广泛的影响力。

代引言

中国农村金融改革中的理论、方法及其分析运用①

今天，我想以中国农村信用社改革为例，介绍决策过程与经济学知识、理论及分析之间的关系，从而展示经济学知识、理论和分析在决策过程中的重要性及其在中国改革中的运用。

首先，我介绍一下在 20 世纪 90 年代，特别是在亚洲金融风暴期间中国的农村金融机构（主要是农村信用社）所遇到的问题。其次，介绍中国政府，包括人民银行和银监会对农村信用社所实施的改革步骤，以及相关的经济理论和分析运用。这可以反映出，中国农村金融改革的决策、实施过程涉及很多方面的经济学知识、理论、

① 2007 年 9 月 21 日，时任中国人民银行行长周小川接受香港中文大学授予的荣誉教授头衔，并在授予仪式上发表了演讲。本文根据演讲整理而来。

方法论及分析的运用，也体现了改革过程中经济学理论和经济学家发挥的重要作用。

一、改革面临的多重约束条件

大家可能已经注意到，过去有不少批评意见，认为金融业严重缺乏面向农村地区发放的贷款，中国农民没有得到足够的金融服务。为此，农村金融改革的一项重要内容是：如何促进金融机构在农村地区的经营活动，以及政府该如何运用财政手段来帮助金融机构向"三农"发放贷款。当时，孟加拉国的尤努斯教授在促进农村金融服务，特别是为农村地区的穷人提供小额信贷方面的努力在国内广为人知，他因此获得了 2006 年的诺贝尔和平奖。中国作为一个社会主义国家，党和政府一直非常关心生活比较贫困的阶层，特别是农民阶层，十分重视并致力于帮助农民提高生产力、增加收入。

在研究亚洲金融风暴而积累的数据基础上，我们决定进行国际比较研究，试图找出中国农村金融存在的主要问题。我们将农业贷款在农业 GDP（国内生产总值）中所占的比重作为依据，比较了印度、印度尼西亚、马来西亚、菲律宾和泰国的相关数据，发现这些国家的农业 GDP 在 GDP 总量的占比以及农业贷款占农业 GDP 的比重存在明显差异。统计数据显示，中国农业 GDP 占 GDP 总量的比重已经从 2002 年的 15% 下降到 2007 年的 9% 左右；2000—2004 年，中国农业贷款占农业 GDP 的比重平均达 100%。而这一比例在印度约为 14%，印度尼西亚约为 7%，马来西亚超过 30%，菲律宾为 15%，泰国接近 30%。孟加拉国在尤纳斯教授的努力下，金融体系为农村提供了具有创新性的服务，但这一比例却更低。可见，中国农业贷款占农业 GDP 的比重比很多亚洲国家都要高得多。当然，这种比较也有可能存在一些问题，必须非常谨慎，其原因是关于农村金融的统计数据不完善。例如，农业贷款数据是否只包括农业生产，还是包括了政府采购、库存及食品初级加工的相关数据。对此，还存在不确定性。各国在数据处理方面也可能存在不同的口径和方法。比如，食品加工业在统计时应计入工业部门，但部分食品加工是在农村进行的，可能被误计入农业部门。当然，该指标还与人均收入及人均拥有的金融资源有关，也与家庭储蓄率相关。对于这些问题，希望有兴趣的人做进一步研究。

因此，我们有理由认为，当时中国农村金融面临的问题并不是简单的数量不足问题。进一步的研究发现，中国农村金融的问题更多在于，支持“三农”的政策性贷款与金融贷款之间缺乏清晰的界限，存在着比较普遍的地方政府干预。为解决这个问题，1993 年中国政府决定组建中国农业发展银行，专门负责发放政策性贷款，其他农村金融机构则转向商业化经营。不过在实施中，由于中国农村信用社的贷款质量存在比较严重的问题——在 2003 年前农村信用社的不良贷款比例接近 50%，以至于这种分工花了很长时间才实现。中国政府长期以来对农村地区采取了一系列优惠政策，对农村地区的金融服务实施价格规制，设置了贷款利率上限。同时，隐含的政府担保普遍存在，农村地区的借款人和贷款人都存在着较为明显的道德风险。这显然不是一种可持续的商业模式，必须首先明确区分政策性贷款和商业贷款，在此基础上推进农村信用社改革，允许其发挥合适的功能，建立自我约束机制和基本的财务纪律，提高贷款质量和服务水平，实现盈利并逐渐成长。

第二个问题是，由于决策者担心农村金融机构的资产质量及不良贷款问题，因此对农村金融机构的扩张、产品创新或服务模式创新做出了严格限制，体现在农村金融服务的各个方面都存在着广泛的金融压抑。

第三个问题是关于所有权。为什么小型金融机构要实行公有制？实行公司制或合伙制是否可行？对此，我们认为更深层次的问题在于经营和监管标准。对于小型金融机构，不管采取何种所有制形式，都必须按照巴塞尔资本协议规定的资本充足率要求提高资本质量，更好地控制风险并补充资本。

此外，我们还强调必须发展农业保险。在中国，平均有 10% 的农业生产损失是由气候因素导致的，气候条件好的地方好一些，气候条件差的地方更差一些。因此有必要建立涉农商业贷款及风险管理的新模式，即由农产品采购部门或企业与农民签订购买合同，合同规定购买的数量，合同价格根据商品期货交易所的商品期货价格来确定。同时，农民在政府支持下为农产品购买保险。这样，农民就可以根据销售合同以及相应的保险申请并获得贷款。这有点类似于对外贸易中的进出口信用证贷款，进出口商通常通过这种方式获得贸易融资。农民获得贷款后，就有钱购买农资材料、种子等进行农业生产，最终出售农产品，获得收入并偿还贷款。这种情况下，产品价格在合同订立时就已经固定了，又有相应的保险保障，因此贷款的风险就相对小很多。至于其他方面的风险，如农产品的交通运输风险，农民也可以向保险公司投保意外险。可见，有了农产品保险，很多问题可以迎刃而解，事情就变得简单了。当然，还有一个相关的问题是：农民是否可以将耕地或自住房作为抵押申请贷款？在中国，这需要在制度上有所突破才可以。因为农村土地是集体所有，农村宅基地也是集体所有，农民不具有产权，无法将其作为抵押品申请贷款。

二、指导改革的理论、方法及其分析运用

在面临上述多重约束的情况下，我介绍一下在决策过程中，决策者和相关的经济学家如何把经济学知识、理论、方法论及分析用于改革的一揽子政策设计中。

一是激励理论。设计农村金融改革时，第一步是要让农村信用社自己消化一部分不良贷款，同时考虑到过去没有严格区分政策性贷款和商业贷款，因此政府也需要承担处理一部分不良贷款的处置责任。第二步是重新注资，促使私人投资者和当地的集体组织参与对农村信用社的注资，首要目标是使农村信用社的一级资本充足率达到 2%。在此基础上，如果进一步使农村信用社一级资本充足率达到 4%，就可以根据巴塞尔资本协议的有关规定发行次级资本债，获得二级资本。在此过程中，人民银行设计了专项票据这一工具，向农村信用社定向发行。在农村信用社的资产负债表上，这些票据可以被看作是高质量的资产，但不是现金，农村信用社不能直接使

用。同时，我们设计了专项票据的兑付条件，明确了按照什么标准农村信用社才可以兑付这些票据，从而获得现金并可用于经营。可见，在改革的过程中，我们从一开始就考虑并设计了通过若干步骤推进改革，使农村信用社成为商业可持续的金融机构。这里面涉及的第一个理论应用是，每一步改革都必须设计明确的激励机制。如果这一步做好了，就可以获得改革收益和动力，从而可以更好地推动改革。第一步成功后，就可以走出第二步，之后迈出第三步。

二是信息理论。一些经济学家建议，农村金融改革要很好地利用信息理论。中国农村有着很严重的信息不对称问题。通过应用信息不对称理论加以分析，可以发现农村信用社与那些在香港上市的大型金融机构如中国银行、建设银行和工商银行等很不一样。这些大型银行也曾有很多不良贷款，对此，中国政府果断决定予以剥离，主要是剥离到对应的资产管理公司，由资产管理公司进行商业化处理。而对于那些数量庞大、规模较小的农村信用社而言，由于存在普遍的信息不对称，不要说中央政府，即使是当地政府也很少能比较全面地掌握农村信用社的经营状况和资产质量。在这种情况下，如果设计一定的激励机制，使农村信用社能充分利用自身的信息优势，发挥主动性，收回一部分不良贷款。事实上，有些贷款虽然已经在财务上被列为损失，表面看起来无法收回，但如果仔细研究每笔贷款的内部信息，就可以发现问题，有些财务信息并不真实，有些则是建立在个人关系之上的，如果找到合适的处理办法，这些不良贷款仍有可能收回。基于这种考虑，在改革的设计中，我们决定不把农村信用社的不良贷款剥离给其他实体，而是提出“买一送一”

的处理方案，即对于一笔不良贷款，如果农村信用社收回 50%，中央银行将补偿另外的 50%。这就体现了一种激励机制，是用于解决信息不对称问题的一种机制，也是一条行之有效的成功经验。

数量多是造成信息不对称的另一个原因。香港银行众多，有人甚至认为香港的银行数量已经过多了。但相比而言，中国农村地区的信用社数目更加庞大，改革前有 3.5 万家，这是印度、孟加拉国等其他国家无法比拟的。如何了解这 3.5 万家农村信用社？这是一个很关键的问题，也意味着信息不对称问题会比较严重。在这种情况下，是依靠监管部门或政府官员来对每一家农村信用社的改革进行指导，还是依靠设计合理的激励机制来引导农村信用社按照一定的步骤推行改革。显然，后一种思路更具优势。

三是道德风险理论。前面提到，无论从借款人角度还是从贷款人角度看，农村信用社经营中的道德风险问题都比较严重。为了尽量减少道德风险，一方面要明确区分商业贷款和政策性贷款，另一方面则是要尽可能地减少农村信用社在改革中讨价还价的可能性。从利益博弈的角度看，中国的改革一直是一个讨价还价的过程。例如，20 世纪 90 年代后期，企业税收实行承包制，这一度导致企业和政府税收征管机构之间无休止的讨价还价，企业通过各种途径与税务部门“讲价”，希望得到尽可能多的税收优惠。在农村信用社的改革中，为了避免出现这种情况，在 2003 年改革开始试点就明确规定，参加改革试点的农村信用社的资产负债表和不良贷款都必须使用截至 2002 年底的数据，这样就不给任何一家农村信用社留下讨价还价的余地。这项措施源于经济学界的建议，是道德风险理论在改革中的现实应用。

四是成本和收益的跨期权衡。这是一个比较有意思的分析方法。在人民银行、银监会和一些相关经济学家共同讨论农村信用社改革策略的时候，一项研究内容是国家资产负债表。一般来说，资产负债表反映的是公司和金融机构的财务状况，但也有一些著述和教科书探讨整个国家的资产负债表。从中国的情况看，2003 年启动农村信用社改革时，国家的财政状况总体还比较弱。其中一个原因是亚洲金融风暴带来了不少问题，政府不得不通过财政资源救助一些大中型金融机构，同时还要采取积极的财政政策来刺激投资、扩大内需。在这种情况下，很难再要求政府向农村金融机构提供救助或财政补贴。于是，人民银行与财政部开展合作，探讨能否在一段时期内使用中央银行专项票据来解决改革的资金问题。当时我们强调，如果不改革，与农村信用社相关的金融不稳定因素就总是存在；如果通过发行中央银行票据推进改革，迟早能有机会把投入的成本再收回来。这就体现了改革成本和收益的跨期权衡思路，在这种思路下，改革的成本和收益权衡取决于改革的方法和时点选择。

五是产权制度和公司治理。通过比较研究，我们认识到农村信用社内部约束不足的一个重要原因是治理上存在问题。农村信用社的组织形式是采用私人公司、股份公司、合作制，还是合伙制。对此我们进行了认真研究，认为改革后的农村信用社应该以股份制为主要的组织形式，并主要依赖私人投资。同时强调，需要为农村信用社建立基本的公司治理来引导其健康发展。经过数年的改革，改善公司治理仍是当前的重要关切所在，尚需进一步推进。

六是博弈论。正如一些学者所分析的，可以把人民银行推动农村信用社改革的过程理解为由中央银行、银监会、地方政府和农村信用社四方参与的博弈过程。在这个博弈过程中，每一个参与者都有自己的考虑，都在努力促使自己的利益最大化，同时使自己承担的责任和成本最小化。我们尝试通过使用博弈论来模拟每一个参与者会采取什么样的行为，这样就可以较好地设计改革的最优路径。同时还要认识到，这是一场分阶段进行的博弈，在改革的不同阶段，博弈的内容、方式也是不一样的，因此要采取不同的策略。

七是规制理论。运用规制理论，可以更好地理解为什么中国在实行了多年的中央计划经济后决定推行市场化改革，以及两种体制在定价机制、激励机制、规制和解除规制等方面的主要区别。如果希望农村金融机构提供更好的金融服务，就必须解除规制。要解除对利率的过度规制；要鼓励适度创新，鼓励农村金融机构提供人身和意外伤害、气候和自然灾害等保险产品；要鼓励商品期货市场为农产品提供定价机制；等等。前面提到，现阶段农民很难提供充分的担保品来申请借款，为此可以创造新的渠道，通过某种金融工程的方法来设计、提供有用的担保品。

八是定价理论。在农村金融服务的定价方面，中国农村的情况并不复杂，基本原则是价格要能弥补风险。由于不确定性以及每户可耕地面积相对较小，中国农业的风险可能高于美国或加拿大。所以，定价机制的一个主要原则是要能抵偿风险，要有足够的风险拨备。同时，也非常需要建立存款保险制度，因为它与道德风险和逆向选择密切相关。存款保险机构是否有权决定参保金融机构的保险费率，以及是否有权采取所谓的“及时校正行动”，属于典型的经济学命题。这也是我们从美国 20 世纪 80 年代储贷危机中学到的经验。1991 年，美国通过了一项名为《联邦存款保险公司改进法案》的新法律，这部法律界定了联邦存款保险公司实行及时校正行为的监管权，界定了在何种情况下联邦存款保险公司可向参保金融机构收取更高的保费，在何种情况下联邦存款保险公司可强制停止参保机构进一步扩张业务，特别是在何种情况下可要求其停止从经纪公司吸收资金，以及在何种情况下可以强制参保机构被更有实力的机构合并。实际上，这些反映了存款保险机制为避免出现道德风险和逆向选择问题，而不断加强职能的步骤和程序。总体看，美国经济学家在总结储贷危机的教训基础上，提出了相应的应对机制和具体实施方案，这为其他国家提供了很好的经验，中国也从中学到很多。当前，我国的存款保险制度还处于筹备过程中，这是一系列改革中的一项重要内容。

在上述理论指导下，中国农村金融改革取得了显著成效。2003 年人民银行在 8 个省开始试点实施农村信用社改革。2004 年另有 21 个省加入了试点。2006 年海南省作为最后一个推行农村信用社改革的省份，也开始了改革。现在，全国所有的省、市、自治区都在分阶段推行农村信用社改革。推行改革的近四年来，我们看到，农村信用社的总资产和总贷款额翻了一番。在 2003 年前的十多年间，很多农村信用社遭受了严重的损失，改革后相当部分的农村信用社相继扭亏为盈。尽管目前有三分之一的农村信用社还在为保本而努力，但约有一半是盈利的，2006 年利润总额已达 210 亿元，其中包括按新标准计提的风险拨备。即便扣除风险拨备，农村信用社在整体上也是盈利的。可以说，中国农村信用社及农村金融服务的状况已基本得到扭转。当然也要看到，不能只提乐观的一面，还有很多改革需要推进，还有很多严峻的挑战需要应对，尤其是对农村信用社的监管能否促进其公司治理持续改进。总体而言，这仍是一个相对比较困难的领域。

以上，我回顾了在中国农村金融改革过程中，经济学知识、理论、方法论以及相关分析为中央银行和监管部门所提供的巨大帮助，希望香港中文大学以及其他高等院校在这些方面开展更多的研究，在促进我国经济金融改革和相关的决策制定中发挥更重要的作用。

目 录

前　言

2008年全球金融危机后，如何解决发展、效率与平等的关系问题，成为全球的一个难题。发达国家无法推进结构性改革，片面依赖宽松的货币政策，迟迟未能解决问题。中国依靠社会主义市场经济的制度优势，推进供给侧结构性改革取得很大进展。本书以农村金融为例，分析金融在促进发展、效率和平等中的作用，并集中探讨了在农村经济金融治理方面农村金融如何平衡好发展、效率与平等关系，做到可持续发展。近20年我国农村金融改革做了大量的工作，在服务“三农”方面也取得明显进展。但是我国农村金融体系仍留下了一些计划经济的痕迹，主要体现在农村金融机构公司治理机制普遍缺位，金融有效监管体系缺乏，市场化竞争机制以及风险处置和市场化退出机制均不健全，严重依赖于行政化管理和财政投入，整体看商业可持续和自我约束发展的能力弱。面对乡村振兴战略实施的更高要求，农村金融体系必须进一步深化改革，牢牢把握“金融服务实体经济”的本质要求，坚持“市场主导、政策引导”的基本取向，强化激励相容的政策体系和金融生态，健全以完善公司治理为核心的有效竞争农村金融机构和监管体系，利用数字技术促进农村金融创新与监管水平提升。

农村金融体系作为我国金融体系的重要组成部分，是我国农业农村现代化建设的重要支撑。长期以来，党中央、国务院高度重视发挥金融在服务“三农”中的重要作用，始终把深化农村金融改革、健全政策扶持体系、推动金融创新作为主攻方向。然而，与城市金融相比，农村金融交易成本高、缺乏抵押品、风险高，再加上我国地域差异性较大，不仅经营方式上有别于城市金融，而且对制度设计和发展路径提出了更高更难的要求。习近平总书记曾这样形容道：“农村金融仍然是个老大难问题，解决这个问题关键是要在体制机制顶层设计上下功夫。”

针对这个“老大难问题”，我国农村金融体系改革始终在路上，没有完成时，只有进行时。新中国成立以来，特别是21世纪以来，我国农村金融改革以国家加大投入为主要特征，使多层次的机构体系得以初步建立，也探索出以结构化货币政策、财税优惠政策和金融生态环境建设为主的一整套政策工具箱，有力地提升了涉农信贷的投放力度和农村金融服务的综合化、市场导向和覆盖面，在“降成本、控风险、广覆盖”等方面取得明显成效。但是，我国农村金融体系在体制和机制上的改革还不到位，部分农村金融机构商业可持续和自我约束发展能力较弱，建立健全的农村金融体系还有很长的路要走。

世异则事异，事异则备变。传统农村金融体系正在承受来自需求端和供给端的系统性变化，微观运行机制和宏观政策框架也需要随之做出改变。对此，党的十九大提出实施乡村振兴战略，这是以习近平同志为核心的党中央做出的重大部署，也是新时代做好“三农”工作的总抓手，是金融系统开展农村金融服务工作的根本遵循。

农村金融体系改革是一项涉及广泛的系统工程，需要多方面发力，共同推进。本书立足于我国国情尤其是特殊的体制背景，全面回顾我国农村金融改革历史，系统描述了发展现状，对现有的政策框架进行了客观评估，同时结合农村金融改革发展的历史逻辑和未来前景，对当前争议较大的农村信用社和省联社改革，数字技术的机遇与挑战，非正规金融和新型农村金融机构的改革发展，以及其他相关重点难点问题进行考察和讨论，最终提出一系列切实可行的政策建议。

一、我国农村金融改革的历程回顾

我国农村金融改革进程与整个金融体制改革进程相一致。自新中国成立以来，我国农村金融改革大体经历了单一银行体系、农村金融机构体系逐步完善、农村金融政策体系逐步建立三个阶段。回顾发展历程，先是“填空”式自上而下建立或恢复了农村金融机构——农业银行和农村信用合作社（以下简称农信社），再是推动农信社进行以市场化为导向的改革，同时发展了一批新型农村金融机构和组织，继而借助农村金融的发展倒逼农村金融政策体系以及配套政策体系逐步成型，迄今初步形成了合作金融[①]、商业金融、政策性金融并存的农村金融机构体系。

特别是改革开放以来，我国农村金融改革可谓是中国经济改革开放的一个“缩影”。20世纪70年代末，一场始于农村，推广至全国，影响至今的中国经济改革开放开始了，中国历史从此揭开了新的篇章。与此同时，农村金融改革发展中出现风险问题，国家加大了风险处置力度，规范整顿农村金融秩序，打击取缔了农村合作基金会等各种非正规金融活动，并通过央行对农信社的支农再贷款支持农村经济发展。

2003年，新一轮农村金融改革拉开了帷幕。按照“国家宏观调控、加强监管，省级政府依法管理、落实责任，信用社自我约束、自担风险”原则，启动“花钱买机制”的农信社改革。同时配套推进了相关改革，扩大农业发展银行业务范围，相继开展了农业小企业贷款、农业科技贷款、农业基础设施建设贷款等新业务。启动邮政储蓄改革，将邮政储蓄从邮政系统中分离出来，成立中国邮政储蓄银行，逐步向全功能微型金融服务机构方向发展。启动农业银行“三农”金融事业部改革。确定了农业银行“面向‘三农’、整体改制、商业运作、择机上市”

① 很多学者认为中国没有真正意义上的合作金融，这值得商榷。我国名义上的合作金融并非实际意义上的合作金融。本书为简便起见，沿用官方说法。

的总体改革方向。调整和放宽了农村地区银行业金融机构准入政策，允许成立村镇银行、资金互助社、贷款公司及只贷不存的小额贷款公司，试点农业保险。总的来看，这一轮农村金融改革特点在于，主要通过加大投入的方式进行，包括财政激励、人民银行差别准备金支持，鼓励多元化金融机构服务“三农”，并试点了农村金融市场准入的开放，同时鼓励抵押、担保以及发展农业保险。

二、前期改革存在的问题

虽然2003年以来的农村金融改革进展良好，整体上达到了各项政策正向激励农村金融机构加大投入的效果，但是农村金融仍然是我国金融体系的薄弱环节。从前期改革历程可以看出，我国农村金融体系仍是缺机制而不是缺资金。现有体制有明显的行政化特征，宏观政策上存在重视政策目标、忽视政策手段的倾向，微观上没有真正建立良好的公司治理机制，造成整个体系严重依赖优惠政策，缺乏市场竞争和市场化退出机制，监管责任不落实，发展不可持续。

第一，农村金融机构公司治理机制普遍缺位。创新是农村金融机构可持续发展的关键，好的治理结构是创新能力的基础。目前，农村金融机构治理结构不完善是其亏损的根本原因。能否建立治理结构完善的农村金融组织是农村金融市场开放成功与否的关键指标。在实践中，监管部门对基层农信社法人治理提出了严格要求，包括“三会一层”设置、独立董事，乃至在董事会中成立了专门的人事、薪酬、风险委员会。但是，省联社通过任命农信社高管取得了全面管理权，取代了股东的决策地位，造成农信社法人治理流于形式，从股东大会开始就成为“走程序”的摆设。小股东既难以掌握充足信息，又难以通过董事会代表或股东大会进行主动治理，更难以通过交易“用脚投票”进行被动治理。此外，一些股权实际上是名股实债。

第二，农村金融有效监管体系缺乏，消费者和投资者保护不足。一方面，金融监管缺位、错位严重。农信社目前处于多级监管、多头监管，监管对象和责任主体都不明确。银监部门既通过各省级、地市级派出机构对省联社、县联社（农商行）进行直接监管，又通过省联社对县联社进行间接监管。一是监管部门疏于日常监管。监管部门往往以风险防范责任归地方为由，将监管责任转嫁给省联社，同时也将专业金融监管转变成了地方政府的行政管理。二是监管部门责任不明。县级法人机构一旦出现风险事件，究竟是银监分局监管失职，还是省联社出现管理问题，难以区分。三是部分新兴领域存在的监管空白相对更为严重。一些机构借农村金融、普惠金融之名，行影子银行甚至非法金融之实。另一方面，消费者和投资者保护不足。从我国金融监管的布局看，在“一行二会”体制下，金融消费者和投资者权益得到了较好的保护。但是随着金融科技的发展，互联网技术在金融领域的应用越来越广，农村的金融消费者和投资者的权益明显不足。

第三，风险处置和市场化退出机制均不健全。现有机制缺乏及时校正问题的能力和动力，往往到机构主要负责人换届或个别机构出现风险事件时才能暴露问题。一方面，由于强调地方政府要承担“兜底”责任，无论经营者还是管理者自然希望不到万不得已不要暴露问题。另一方面，地方政府还往往寄希望于通过吸收兼并“消灭”风险。地方政府做大法人机构，将县级农村信用社合并为地市级，甚至省级统一法人机构，其主要理由就是要解决部分机构的风险和包袱问题。按此倾向，必然进入风险越大、机构越大的恶性循环，最终需要中央出手“兜底”。如果因为个别机构出现风险，就推翻一贯行之有效的政策，用做大机构的方法去“兜底”风险，实际上是“以优补劣”“奖劣罚优”，不仅损害了员工敬业、经营良好的农村信用社的利益，还释放了错误的激励信号。

第四，地域差别化制度设计没有跟上。我国东、中、西部地区发展水平、经济结构以及地理环境迥异，不同地区的农村金融需求千差万别，东部地区农村的金融需求主要来自非农部门，中部地区农村的金融需求主要在种养业，而西部地区农村的金融需求在很大程度上是用来满足由于产出的不确定性带来的生活方面的盈余调剂。同样是“三农”问题，不同地区之间的侧重点各不相同，东部地区的重点是农村问题，中部地区的重点是农业问题，西部地区的重点是农民问题。然而，之前的信用社改革却是“一刀切”的。省联社的设计难以适应农村金融需求多样化的需要。以“一刀切”的方式建立县联社和省联社，或许便于对信用社的管理，但是这样的做法也会将风险集中到省和县，中央政府要求改革的风险由省一级承担。问题在于贫穷的省份能否兜底。省联社或许在其他省份适用，但在一些有着多种金融需求形式的发达省份可能并不适用，甚至可能会出现扼杀金融创新的情况。在县联社体制下，所有的信用社都无一例外加入了，难以有体制外的竞争，这形成了事实上的垄断，而垄断是创新的天敌。

第五，基础设施和政策支持有待进一步加强。一是支撑农村金融发展的基础设施尚需完善，关键领域改革协调力度需要加大。这体现在农村各类产权的确认、登记、评估、抵押、流转机制等尚未完全建立，动产抵押等创新严重缺乏，一些已经行之有效的做法尚未制度化、规范化。二是资本市场在支农方面发挥的融资和风险管理功能都还远远不够。三是农业保险起步晚、底子薄，保障水平低，保险机构服务能力和管控能力有待进一步提升。

三、加快农村金融改革的重要性和紧迫性

乡村振兴战略的实施，离不开金融系统的支持。乡村振兴战略既是金融支持农业供给侧结构性改革的重要内容，也为金融创新支农产品和服务方式指明了方向，并提出了更高要求。一方面，乡村振兴战略为农村金融体系改革的方向提供了新的

机遇。基于对农村、农民和农业生产形态的基本判断，针对我国长期存在的城乡二元结构问题，乡村振兴战略明确提出要通过新型城镇化、农业现代化和新农村建设并举，推动城乡要素的双向流动，实现城乡融合发展。这为农村金融体系提供了新的服务格局，农信社等农村社区金融机构需要不断下沉经营而非上设大机构。这既符合农村金融体系发展的长期利益，又符合乡村振兴战略的需要。另一方面，农村金融体系改革也面临巨大的市场挑战。一部分城市郊区农村将实现城镇化，农村金融服务也自然转向城市型金融服务；一部分边远农村可能通过易地扶贫搬迁或纳入生态保护范围，退出生产生活功能以及相应的金融覆盖面；更多的乡村需要根据本地产业发展和人口结构，与农村基本经营制度、农业支持保护制度、农村社会保障制度、生态保护和补偿制度相衔接，提供更适合农业农村特点的金融服务。农信社等小型法人机构也要应对好利率市场化、混业经营限制逐步放开、互联网金融创新等金融改革推进带来的跨域、跨界、跨业务竞争压力，通过改革找到突破。在此情况下，加快农村金融体系的改革具有突出的重要性和紧迫性。

第一，数字技术及其商业模式对重塑农村金融体系而言，既是机遇也是挑战。一方面，数字技术能够改变金融的供给行为特征。金融机构或其他金融服务提供商的供给行为特征，决定着农村金融服务的成本和风险水平。供给曲线的位置，既取决于各类相关金融基础设施的发展程度，又取决于金融服务提供商的管理能力和金融产品创新能力。数字技术具备高效、共享、低成本、低门槛的特点，在解决普惠金融的传统问题，即小额涉农金融服务的高风险、高成本问题过程中具有天然优势。近年来的实践也证明了这一点，数字技术促进农村金融基础设施不断完善，农村金融服务供给曲线向下大幅移动，农村金融服务供给成本（风险）下降，我国农村金融供给端发生了很大变化，农村金融市场的全局面貌已经发生系统性改变。另一方面，“数字鸿沟”正在考验农村经济金融政策体系和产品服务能力。在传统农村金融难题（主要是高成本、高风险导致的农村金融覆盖率不高和覆盖深度不够的问题）有望得到根本解决的同时，新的问题已随之产生，农村金融市场的主要矛盾正是来自数字技术及其商业模式对这一领域的冲击。农村金融机构数字技术能力培育缓慢，稳定的存款来源被大量手机端产品撼动，争取存款的成本大幅度上升。广大农民面对的“数字鸿沟”和令人眼花缭乱的风险产品正在考验监管部门综合监管、穿透监管和行为监管的能力。

第二，经济组织形式的变化带来了新的金融服务需求，也对农村金融服务提出了更高的要求。从经济组织形式看，农村经营模式主要可分为四层。一是以种养大户和家庭农场作为规模经营的基本模式。二是农民合作社。这是集生产主体和服务主体于一身，融普通农户和新型主体于一体的组织。在农业供给侧结构性改革中，农民合作社自身既能根据市场需求做出有效响应，也能发挥传导市场信息、统一组织生产、运用新型科技的载体作用，把分散的农户组织起来开展生产，还能让农户享受到低成本、便利化的自我服务，有效弥补了分散农户经营能力的不足。三是龙头企业和各类农业企业。在高端农产品生产方面，此类企业具备显著的引导示范效应，不仅自身能够生产中高端农产品，也能带动普通农户和其他新型经营主体有效对接市场。四是传统的小农生产方式。与传统小农经济融资需求不同，新型农业经营主体既全面继承传统农业的“弱质基因”，又不断向现代化农业产业经营体演进，生产经营涌现新模式，融资需求亦呈现新特征。但目前社会化中介服务不健全，这使得新型主体在财产评估、登记交易以及处置变现环节受到多重约束，严重阻碍金融资源的客观投入。融资担保平台尚未构筑完成，担保中介机构数量少、规模小、运作不规范，从而导致整体风险抵御能力偏低。农村征信体系不健全，信息处于零散、分割状态，信用评级缺乏公平性和公开性，频繁使用非市场型增信手段。农村产权交易和退出机制欠缺，抵押物进行再流通和交易困难，农村产权市场发育的长期性和复杂性也必然带来金融机构风险定价能力培育的长期性和复杂性。因此，不能简单地把“三农”作为一类服务对象，要求所有的金融机构为“三农”提供同样的金融服务并不可取，应根据不同需求主体分层提供金融服务：对于公司化和规模化的新型农业经营主体，农村金融机构要丰富金融产品、改善金融服务、提高资产质量；对于传统的小农，金融服务风险大、成本高，要采取多种政策设计降低风险和成本，比如政策性金融机构要成为资金批发的机构，与小型金融机构结成合作关系。同时，利用金融科技的优势降低农村金融平均成本和风险水平，降低由于信息不对称以及距离远带来的交易成本。加大贴息力度，加强信用体系建设，强化消费者权益保护。

第三，电商平台等农业产销新形式对农村金融服务和新的业务形式提出了新的需求。实施乡村振兴战略以推进农村供给侧结构性改革为主线，内涵上以产业兴旺为重点。当前农村产业已从第一产业为主逐渐向第二产业、第三产业发展。在第一、第二、第三产业融合发展的背景下，农村新产业、新业态、新商业模式快速发展，农业产业链条延伸，生产、加工、冷链物流、销售一体化发展。再加上近年来随着电子商务的发展，网络消费模式不断改进，降低了商品集散的规模等级和门槛，降低了仓储成本，提高了流通效率，改变了农村地区由于人口密度低、人员数量有限导致的零售业发展不足的局面，也大大推动了农村商品走出去。在此背景下，各种“金融机构 + 农户 + 电商平台”的合作模式不断涌现，农村金融服务需求和新的业务形式必然有利于涉农信贷资金投入的不断加大。一是形成了一批“生产商 + 批发商 + 农家店 + 农户”的数字平台，打通了工业品下乡、农产品进城的“最后一公里”，农村小额贷款业务由劳动密集型向科技密集型转变，实现了自动授信和自动审批的全流程线上化操作，极大地简化了客户申请使用贷款的流程，集电商、金融、消费、结算于一体的新型农村金融生态圈正在形成。二是农村支付平台促进农村电商发展。伴随着农村支付平台的推广，“线上支付 + 线上交易 + 线下取货” 模式基本形成。此外，通过农产品网络直播、社群化互动、内容营销等创新的线上营销方式，极大地发挥了农产品电商的影响力，提升消费体验。

第四，伴随着乡村振兴战略的实施，三大要素供给的提档升级，传统农村金融市场的需求结构将发生重大改变。在乡村振兴战略实施过程中，要重塑城乡关系，走城乡融合发展之路，离不开农民、土地和资金三大要素供给。农村基础设施建设的提档升级、农村教育事业的发展、农村劳动力转移就业和农民增收的实现、农村社会保障体系建设的加强、健康乡村建设的推进、农村人居环境的持续改善，以及全民覆盖、普惠共享、城乡一体的基本公共服务体系的逐步健全，无不需要金融提供资金支持。此外，农业生产规模化、现代化以及产业化程度逐年提高，也会大大提升对资金的需求。

四、观念上，要突破五大束缚

在推进农村金融改革中，当务之急在于突破传统观念的束缚，以更长远的眼光、更开阔的视野、更深入的探索，不断创新发展与完善农村金融体系建设。

第一个传统观点认为，农村金融 “风险大、成本高、易亏损”，需要依靠各种政策来支持。事实上，从国际经验看，往往盈利高、回报高、经营好的并不是大银行。换言之，虽然农村金融

“风险大、成本高”，但如果允许市场化利率来抵补风险与成本，同时有保险分担机制作为保障，并不必然“易亏损”，甚至会高盈利。

第二个传统观点认为，“三农”属于弱势群体，农村金融与“三农”之间是支持与被支持的关系。事实上，农村金融与“三农”之间应当是共生共荣的关系，二者之间相互依存、相互促进。一味强调支持“三农”，而不考虑农村金融可持续性，显然忽略了一个事实，即一个不可持续发展的农村金融体系是无法长期支持“三农”、服务“三农”的。只有农村金融可持续，才能长久地、可持续地为“三农”发展做出贡献。一味实施低利率，而罔顾农村地区贷款高交易成本和高风险的事实，不仅会导致金融机构不愿意在农村地区发放贷款，还可能加剧道德风险。对这些以短期、小额为主要特征的贷款而言，虽然表面看利率高，但相比于其风险和成本而言，其实际支付利息并不高。此外，利率政策还需要与开放市场准入相结合，否则垄断格局下实施利率自由化，可能会发生扭曲，金融机构会将其经营低效产生的高成本转嫁为客户融资的高利率，最终背离政策的初衷。总之，应更多地从体制机制上入手，以市场化方式为主，以政策支持为辅，强化激励相容，促进农村金融机构不断提升自身商业可持续性。事实上，无论是商业性金融机构还是政策性金融机构，都首先需要实现自身的可持续发展，特别是财务可持续。如果对金融机构投放涉农贷款比例、存贷比等指标加以硬性约束，但缺乏针对性的激励，效果就可能大打折扣，甚至反而逼迫金融机构最终撤离县域，道德风险也会随之产生，危及金融机构财务健康，长期看很难真正利于服务“三农”。

第三个传统观点认为，支持“三农”等同于支持农村金融机构。产生这种观点的背后根源在于没有将政府的目标和实现目标的手段区分开，其危害在于可能会引发道德风险。政府的目标是解决“三农”问题、增加农民收入，然而实现这一目标的手段却是多种多样的，不能简单等同于支持农村金融机构。这种观点实质上是预设式、选择性政策实施思维的一种体现，这也是长期以来我国农村金融支持政策效果不彰的一个重要原因。具体表现为，由政府指定机构获得专项政策或资金支持从事专项政府指定业务，或者采取严格控制措施限制农村金融机构的资金用途，这些不当的政策方式造成了农村金融机构激励扭曲、农村金融市场扭曲，不利于引导各类机构服务“三农”。

第四个传统观点认为，在组织模式问题上，力图在全国采取单一模式，越规范越好。如果说城市经济具备较大共性，主要为城市服务的商业银行、非银行金融机构还可以按统一组织模式发展，但我国农村地区差距很大，不同地区信用社发展水平和面临的发展障碍也不尽相同，发达地区的农信社模式在贫困地区或牧区很难适应，不仅存在经营成本高昂的问题，还会阻碍农村金融组织形式因地制宜的创新。

第五个传统观点认为，推进农村金融改革主要依靠“正规军”，而漠视甚至无视非正规金融的重要性。应认识到非正规金融也是农村金融的重要组成部分，正规金融和非正规金融各有优劣势，非正规金融过分正规化也会有问题。此外，非正规金融为借贷双方提供了贴近实际资金供求状况的定价机制，弱化了商业银行垄断的市场地位，拓宽了资金融资渠道，有助于提高银行之间的竞争能力，形成市场化的定价体制，有效解决了资金供求双方的需求，提高了金融市场的资源配置效率，是一种自下而上的利率市场化形式。

五、行动上，要把握四大关系

结合前期改革的经验与教训，在未来深化农村金融改革的过程中，还需要处理好政府与市场、财政与金融、中央与地方、整体与局部的四大关系。

第一，政府与市场的关系。更好认识和处理好政府与市场的关系是农村金融体制改革的核心问题，如何使市场在资源配置中起决定性作用，更好地发挥政府作用，对新时代推进农村金融改革具有重大意义。从某种意义上，我国农村金融体制演变史也是一部政府与市场关系的争论史。溯其源，将政府的目标与实现目标的手段混为一谈，是政府和市场关系错位的根源所在。比如，信贷支农只是农村金融机构支持“三农”、服务“三农”的一种形式。但如果将信贷支农作为实现政府目标的主要手段强加给农村金融机构，无疑会影响农村金融机构利润最大化的经营目标，损害金融机构的独立性和效率，也为政府直接干预金融机构运行提供了依据。再如，新型农村金融机构的设立过多强调区域限制（如村镇银行只能在一个县经营），导致金融机构无法实现规模经济，处于亏损状态，自身可持续性尚且堪忧，更遑论支持和服务“三农”。将政府的目标与实现目标的手段相混淆，不仅严重影响了农村金融机构的商业可持续性，而且助长了道德风险。目前中央大多数的税收等优惠政策和资金支持都是针对特定机构，这已经形成了一定的道德风险。从目前情况看，对农信社的改革侧重于花钱，在改革机制方面重视不足，尤其是存款保险制度、农业保险和其他财政扶贫政策等配套措施不到位，也影响了农村金融机构的商业可持续性。

第二，财政与金融的关系。作为两大主渠道，财政与金融在资源配置中的作用既存在差异又互为补充。从我国实际情况看，“三农”作为市场机制容易失灵的领域，需要公共政策介入。但与此同时，也需要正确处理财政与金融的关系，否则财政与金融的关系一旦失衡，彼此之间相互渗透甚至越位，就可能造成资源配置的低效和浪费。一是财政职能金融化。从我国前期实践来看，在公共财政未发挥应有作用的情况下，金融承担了过多的财政职能，特别是将金融机构作为支农的工具，混淆了金融机构的商业职能和政策性职能。一方面，严重扭曲农村金融机构的经营行为，造成了农村金融机构严重的道德风险，也助长了政府部门的道德风险。更有甚者，曾出现过难以分清农村信用社和农行历史包袱的成因，即哪些是政策性因素造成的，哪些是自身经营不当形成的。另一方面，因职能错位，农村金融机构非但无法达到金融支农的政策目的，反而成为农村资金外流的渠道，成为亏损、贪污、在职高消费的载体。二是多元目标冲突下，农村金融机构经营绩效低下。目前农村金融机构主要经营目标包括但不限于以下几个方面：首先是政策性目标，即支持“三农”（农村、农业和农户）目标；其次是多数农村金融机构追求的营利性目标；再次是作为金融机构为防范金融风险、提高市场占有率、扩大业务品种范围而追求的规模经济目标；最后是其他目标，比如合作制目标，即主要为社员服务等。事实上，试图同时达到多个目标的行为往往无解。此外，多元目标还会造成农村金融机构经营和管理中的机会主义问题。在不良贷款增加或亏损严重时，不是主要从自身管理寻找原因，而是倾向以自己承担的政策性义务和非营利性目标，与监管当局讨价还价。对一些经营成本极高的个别地区，为维持当地基本的公共金融服务，可有多种选择，可以由政府补贴招标正规金融机构设点，也可以委托当地的农资销售公司代理金融服务，还可以利用金融科技降低经营成本。

第三，中央与地方的关系。党的十九届三中全会指出，治理好我们这样的大国，要理顺中央和地方的职责关系，更好地发挥中央和地方两个积极性。对于推进农村金融改革来说，理顺央地关系，尤其是理顺中央宏观调控职能与地方发展经济职能，具有积极的现实意义。一是监管与发展职能错位，这是地方层面农村金融管理的主要矛盾。省级政府（及其代表省联社）既有监管任务，又有支农和发展任务，同时还有风险处置的任务，在发生目标冲突时就可能出现选择性履职，要么以行业管理和行政干预代替监管，导致发展与监管二元目标的严重冲突，要么过于强调金融支农特殊性，从而带来道德风险。二是谁来“风险兜底”。实际上，地方政府的“风险兜底”能力和机制在不同省份情况是不一样的。从上一轮改革可以看到，由于中央与地方财政关系没有理顺，财权事权不对等，地方政府出于发展经济的需要，往往干预金融机构自主经营和地方金融资源配置，让金融机构承担财政职能，结果导致农信社大面积亏损，引发系统性风险，最终还是把化解风险的包袱甩给中央政府，流动性风险处置仍然依赖人民银行。历史上，类似教训屡见不鲜。三是如何实现“因地制宜”。对于分散的农村金融市场而言，需要将自上而下和自下而上的改革有机结合。否则就会出现此前农村金融改革由中央政府主导，各地试点，多数试点是只能成功不能失败，从而导致试点虽然成功，但复制推广却很难的局面。实际上，2003 年的农信社改革试点的初衷是赋予地方政府更大的自主权，同时承担相应的自主决策后果，以实现权责对等。但是在全面推广时，未能很好坚持因地制宜、分类推进的原则。此后，村镇银行等新型农村金融机构的建立也遭遇同样的问题，即在政府和监管机构的大力协助下试点“成功”，推广却需要行政命令。为何农村金融改革方案实施结果与方案大相径庭，农村金融改革步履艰难。总体上看，是我国渐进主义改革中惯用的自上而下方略，与需要更多考虑基层政府、民间自发力量的自下而上方略之间的冲突所致。事实上，归其因，虽然在政策设计之初强调“因地制宜”，但实际中当自认为公正超脱的中央部门遇到地方利益抗衡时，就不知道如何因地制宜了，最后要么仍自上而下地全国一刀切，要么就使改革陷入僵局。需要在中央层面明确几条红线的基础上，鼓励地方农村金融改革的创新。比如说：应以完善公司治理为核心；保持农村金融机构县域法人的长期稳定；地方政府对存量农村金融机构的健康性负责；地方健康的农村金融机构纳入存款保险制度后，地方政府的主要责任变成为农村金融机构健康发展创造良好的发展环境，避免行政干预；等等。在此基础上，中央财政或央行可以将低成本的长期资金借给地方政府，帮助地方政府推动改革。

第四，整体与局部的关系。农村金融体制改革是一个系统工程，仅靠农村信用社单兵突进无法解决，需要整体规划、全面推进，才能取得成功。回顾农村金融改革历程，最大的问题在于没有根据农村金融的现实需求，全盘考虑农村金融体制构建的一揽子问题。一是农信社不能包打天下。从供需双方来看，农村地区的金融需求不仅仅是存贷款，供给部门也绝不能仅仅是农村信用社。农村信用社是“主力军”，但不能独家垄断，否则就会出现服务质量下降、不良资产增加等问题。二是存量改革与增量改革的关系问题。农村信用社、农业发展银行、邮政储蓄银行、农业银行的机构改革是存量改革，村镇银行等新型农村金融机构创新试点是增量改革。有观点认为，农村信用社不行，就引入新机构，来代替农村信用社，但实践证明这是行不通的。因为存量改革不到位，会严重影响增量改革效果。2003 年以来，改革后的信用社体制具有合作制的外壳（如合作制要求股权较为分散）、集体企业的运作方式（经营者的责权利不统一）和政府的脑袋（管理当局按照政府的目标而不是商业目标管理农信社），这样的制度安排在现有的企业理论中是找不到任何根据的。一个地区如果农村信用社完全不考虑成本，不考虑机构的商业可持续性，就会形成恶性竞争，如果农村信用社不改，新型农村金融机构生存就存在困难。可见，不重视农信社的改革（存量改革），指望通过成立新型农村金融机构（增量改革）来解决农村金融问题是望梅止渴。三是正规金融与非正规金融的关系问题。正规金融和非正规金融各有比较优势，一定程度上可以互补，应将非正规金融纳入整个农村金融体系中。正规金融资金实力雄厚，组织制度完善，内控严密，人员素质相对较高，在提供大额和长期贷款方面有优势。非正规金融由于操作简单，具有灵活、便利、小规模等特点以及信息方面的优势，更适合向居民提供零星、小额贷款。当然，也必须认识到，非正规金融的优势是相对的，也受到信息、交易成本等因素的制约。这些制约决定了非正规金融只能在较小的范围内才有效率，这也是非正规金融的劣势。四是软信息与硬信息的关系问题。引入信息系统框架有利于解决农村金融体系中信息不对称问题。一般而言，企业越大，能提供的硬信息就越多。

中小型农村金融机构因其能够掌握更多的软信息使其在服务涉农中小企业方面有其天然优势。从这一点出发，无论是鼓励越来越多的中小银行发展成全国性金融机构，还是发展本质上仍是金融机构分支机构的村镇银行，都不能真正解决中小企业融资难的问题。从软信息与硬信息的关系来看，进一步开放金融市场，允许更多的民营资本进入，成立真正意义上的民营银行，同时规范引导非正规金融和新型农村金融机构的发展，都有助于解决涉农中小企业融资难的问题。此外，大力发展直接融资，尤其是发展公司债，会迫使大银行更多关注涉农中小企业。

六、正确把握农村金融本质，深化农村金融体系改革创新

当前和今后一段时期，面对乡村振兴战略实施的更高要求，农村金融体系必须进一步深化改革，牢牢把握“金融服务实体经济”的本质要求，坚持“市场主导、政策引导”的基本取向，更好地厘清各相关主体的权责边界，强化激励相容的政策体系和金融生态，健全有效竞争的农村金融机构和监管体系，利用数字技术促进农村金融创新与监管水平提升。我国农村金融改革的总体目标应该是：建立一个符合市场经济需要的、有自生能力的、能够与农村经济发展同步成长的现代农村金融体系新框架，形成富有弹性、竞争性和负责任的监管体制，实现金融支持经济发展方式的根本转变。

第一，形成市场导向的政策和基础设施体系。

一是理顺促发展与强监管的关系，处理好财政税收、货币金融、金融监管以及促进金融业发展等政策之间的关系。各相关主体职责划分是：财政负责基本发展和基础性公共服务，地方政府负责当地各类促进农村发展工作和农村金融中消费者保护等行为监管工作，各类涉农金融机构（组织）按商业化原则（或不同层次的可持续运营）运作，金融监管部门负责农村金融审慎监管和行为监管工作，人民银行在稳健货币政策前提下经严格审议程序提供补充性支持。

二是推动政策实施方式由选择性向功能性逐渐转型。增加普适性、功能性、竞争性政策支持。应就政策支持制定引导和鼓励的标准，任何金融机构开展符合标准的涉农金融服务都可以得到相应的政策支持，不预设机构。此举可强化金融机构支农的内在激励，形成公平竞争的市场氛围。同时，应按照市场规律，允许农村信用社提高贷款的风险溢价，整合差别化存款准备金率、支农再贷款、涉农贷款增量奖励等扶持政策，加速从"补差补机构"转向"奖优奖业务"，并通过财政贴息等方式对贷款进行风险补偿，从而强化金融机构的内在激励，真正增强农村金融服务的可得性。综合考虑地区差异、金融风险以及健全金融市场等多种因素，优化、细化正向激励措施，根据形势变化完善金融机构支农水平的考核指标体系。

三是理顺央地关系，坚持"金融管理主要是中央事权"的前提，整合市（县）以下监管资源。科学合理的地方金融管理体制应坚持金融事权主要归中央、分离发展与监管职能的原则，地方层面特别是市（县）以下应对现有监管资源进行整合，形成监管合力。对小额贷款公司等7类机构“由中央金融监管部门制定规则，地方金融监管部门实施监管”。强化地方金融管理部门对投资公司等4类组织的监管，提高准入门槛，严格限定经营范围等。对于互联网金融这种具有跨区域跨行业特征的活动，应当加强地方政府和中央监管部门的协调与配合。

四是农村金融改革要有过渡性措施。应完善存款保险制度，成立真正意义上的存款保险公司和有监管职能的存款保险分支机构。在过渡阶段，健康的农信社纳入存款保险制度，差的农信社交给地方政府和省联社负责，重组变好后再纳入存款保险体系。从长远看，当所有农村信用社均已纳入存款保险制度后，农村信用社不再由地方政府兜底，可实施及时校正的监管措施和市场退出机制。省联社改革可有两种思路：一个是将省联社改造为独立经营、面向基层农村信用社提供科技系统服务和金融市场投融资服务的公共平台，打破农村信用社的“科技鸿沟”和“市场鸿沟”，省联社由基层农村信用社“自下而上”入股，并引入有技术能力和经营能力的机构参股；另一个是省联社作为自律组织承担行业自律协会职能，但不宜作为监管机构。

第二，建立竞争性的农村金融体系。

一是建设更加多元的农村金融机构体系。从长远看，这一多元化的金融组织中，将包括从非正规到正规金融、从私营到国有金融、从小型到大型金融机构共存的完整的金融机构光谱。不同金融组织形式之间公平竞争，由市场而非政府或监管部门决定什么地方适合什么样的金融组织形式。在制度创新的基础上，使不同的金融机构能够较好地依托不同的运作平台发挥各自的优势，满足不同层次的金融需求。按照金融分层的原则让不同形式的金融组织平等竞争，通过市场机制选择优胜者。

二是农信社不能包打天下，要因地制宜设置金融机构。继续按照放宽准入、深化改革、健全风险防控机制的原则，促进农村金融适度竞争。大型商业银行在一些民营企业、小微企业金融服务发展较好的地市的分支机构，可引进民资和外资，改造成子行。同时，可探索员工持股，充分调动和发挥员工的积极性。探索“控股公司－村镇银行”模式，如中国银行与新加坡淡马锡共同出资设立控股公司，在各地发起设立村镇银行。这一模式还需进一步完善。这两种模式形成的中小银行既能发挥大型商业银行网络、品牌、科技上的优势，又下沉基层，贴近市场，发挥本地化的信息优势，相对大银行能更好地服务民营企业、小微企业。以强化竞争深化农村信用社改革。打破县以下（乡镇层面）农村信用社作为唯一金融机构的垄断，允许农村信用社在同地市相邻县区开展服务，强化市场竞争。深化开发性政策性金融机构改革。厘清政策性业务与商业可持续业务的边界，财政部应明确政策性业务范围并落实政策性业务的补贴责任，两类业务分账管理或设立子公司实现法人隔离，加强监管，完善公司治理。发挥非存款类放贷组织的积极作用。

推动《非存款类放贷组织条例》出台，按是否吸收公众存款而非是否为金融机构的理念，规范监管小额贷款公司等非存款类放贷组织，对其牌照管理、设立条件、业务经营、法律责任等都做出明确规定。

三是完善农村金融生态环境。通过健全农业保险体系，建设农村各种形式的担保体系，完善农业灾害风险转移分摊机制。深入总结和推广经验，推进农村信用体系建设，完善农村支付体系和工具等金融基础设施建设，更多利用互联网等电子信息平台，向现代农业经营主体提供多种信息服务，帮助其实现有效的资金配置和风险管理。推进金融机构产品和服务创新，加大对重点领域支持力度。鼓励金融机构结合处于不同经济发展阶段地区的需求，开发适合新型农户创业、消费、家庭理财的微型金融产品和服务，以及适合规模化农业经营主体的覆盖产业链的融资、风险管理、资本化经营等多种需求的产品和服务，支持金融机构开展适合新型农业经营主体的订单融资和应收账款融资业务。深入推进农村承包土地的经营权和农民住房财产权抵押贷款试点，探索开展大型农机具、农业生产设施抵押贷款业务。持续推进农业保险扩面、增品、提标，扩大银行与保险公司合作，发展保证保险贷款产品。加大对农业规模经营、绿色农业、农村电商和乡村休闲旅游产业等新产业、新业态的支持力度。结合落实 G20（二十国集团）数字普惠金融高级原则和互联网金融专项整治，大力发展规范可持续的农村电子商务平台以及相关金融服务。

第三，建立及时校正和市场化退出机制，构建“有进有出”的市场秩序。

一是完善农村金融机构的公司治理机制。由于农村金融机构比较分散，监管起来比较困难，信息的真实性存在疑问，必须健全农村金融机构的治理结构，增强其经营的透明度，有效的监管机制才能发挥作用。

二是放宽准入条件，加大农村中小金融机构和民营银行的开放力度。适当放开农村中小金融机构（农信社和村镇银行）的经营区域限制，允许符合条件的机构在相邻县区开展服务。积极探索利用金融科技有效扩展金融服务覆盖面，实现以较低成本、更高质量服务乡村振兴等国家战略。

三是建立及时校正机制。有效的监管机制应是正向激励的机制，监管正向激励机制最关键的政策是“及时校正措施”。当金融机构资本充足率或其他绩效指标超出某临界值时，监管部门就应马上采取措施限制其业务发展以及限制分红等，使金融机构感到非常强的“紧箍咒”作用。如果指标再往下滑，监管机构就应要求收购兼并，最后要在资能抵债之前关闭问题机构。

四是建立及时有效的市场化退出机制。建立退出机制的关键是对中小存款人如何保护和补偿的问题。需要更好地发挥存款保险机制的作用，针对农业和农村中小企业贷款以及农村中小金融机构的特点，加强监管部门、存款保险机构和地方政府协调联动，形成市场化的退出机制。鼓励优质的农村中小金融机构兼并高风险机构。但要特别注意，这种兼并必须是基于优质机构的市场选择，而不是行政“拉郎配”，更不能用于掩盖风险和逃避追责。

第四，借助数字技术变革，推动农村数字金融发展。

一是重视数字普惠金融可能带来的数字鸿沟问题。农村金融的服务对象很多是弱势群体，由于受教育程度低、收入低、年龄大，他们对数字技术的理解能力低，对互联网金融的应用水平低,风险承受能力弱,需要金融部门加以特别关注。金融“数字鸿沟”实质上是技术进步在给大多数人带来福利的同时，也可能使少数弱势群体利益受到一定影响。这在历史上屡见不鲜，也是自然规律使然。要解决这一问题需要从供给侧推进金融机构改革，鼓励金融机构开发针对弱势群体的互联网金融产品和服务。同时注重普惠金融发展形式的多样化，线上线下相结合，传统金融与数字金融相结合，不搞千篇一律。

二是加强基础监管制度建设，补齐监管短板。要针对数字金融风险传播速度快、范围广、隐蔽性强等特点，在流动性风险、信用风险、操作风险防范上，加快健全有效的基础监管制度，加强综合监管、协调监管、功能监管。同时加大监管技术创新力度，充分运用大数据技术丰富监管信息，完善监管手段、改善监管方式，努力提升数字金融监管有效性。

三是防范打击披着数字普惠金融外衣的非法金融活动。数字技术是中性的，数字普惠也是中性的，先进技术在促进普惠金融，乃至整个金融业发展的同时，也有可能被不法分子利用。

地方政府和相关监管部门应采取断然措施，区分创新与犯罪，依照《刑法》和有关司法解释有效识别伪金融创新，打早打小打准，依法惩处非法金融活动。自律机构要规范数字普惠金融机构的信息披露，严厉打击虚假违法宣传，落实投资者适当性管理，强调“卖者有责”。

四是积极探索综合性的消费者保护机制，建立多元的金融消费纠纷解决机制。动员社会各方力量共同普及数字普惠金融知识，提高公众金融素养，加强风险提示与教育，引导树立“买者自负”的投资理念，构建金融消费者教育的长效机制。

五是加强大数据背景下的数据安全和个人隐私保护。当前，全球都面临技术发展迅速而数据保护不足的问题，个人隐私信息泄露重大案件频发。如何使数据主体获得尊重和安全感，推动数据市场有序发展，成为提升金融创新和服务能力的重大课题。要利用数字金融发展普惠金融，首要是能保障数据主体的保密权，以及获取、利用、支配其信息的权利，还有允许或者不允许他人获悉或者使用自己信息的权利。

本书的初稿完成于 2018 年，在不断修改的过程中，笔者发现农村金融的很多问题近 20 年并没有取得根本性的突破。本书也收录了笔者之前发表的一些文章。读者会发现笔者 10 年前甚至 15 年前在文章中提出的结论在当前仍然适用。

本书得到了杨骏博士、雷曜博士、钟震博士、程恩江博士和赖金昌先生的大力支持和帮助。本书内容主要是基于中国金融四十人论坛课题“农村金融改革与重构”、国家自然科学基金重点项目“中国金融体系的演化规律和变革管理”（项目编号：71733004），以及国家自然科学基金重大项目“防范化解重大金融风险——宏观视角与政策应对”（项目编号：71850001）的研究成果。

第一章　我国农村金融改革发展的历程

20 世纪 90 年代中期以来，国家采取了一系列重大措施改革和发展农村金融体系。农村金融改革进程和整个金融体制改革进程相一致，经历了单一银行体系、农村金融机构体系逐步完善、农村金融政策体系逐步建立三个阶段，目标是构建一个现代化的农村金融体系。

1992 年首次提出的农村金融“覆盖率 – 可持续性”分析框架，是用于对某个农村金融机构或一国农村金融体系的整体绩效进行理论评价的通行框架和标准。按照这一框架和标准，近年来我国农村金融发展与改革已取得重要进展，整体面貌已发生历史性变革，农村金融高成本、高风险的传统问题得以明显改善。

同时，由于“摸着石头过河”形式的改革存在显著的路径依赖特征，脱胎于计划经济体制的农村金融体系，在问题处置、机构治理和发展导向诸多方面都留下了大量行政化特征。

一、我国农村金融体系发展经历了三个阶段

可以将 1999 年至今的农村金融发展划分为三个阶段。先是

“填空”式地自上而下建立或恢复了农村金融机构——农业银行、农村信用合作社。随后，农业发展银行和农业银行分别承担起了粮食和农副产品收购、扶贫、农业综合开发、粮棉加工、农村小型基础设施建设、技术改造贷款等金融职能。接着，推动农信社进行以市场化为导向的改革，并发展了一批新型农村金融机构和组织。农村金融的发展倒逼农村金融政策体系及一系列结构性财税、金融和监管政策得以逐步成型，初步形成了合作金融、商业金融、政策性金融并存的农村金融机构体系。

（一）第一阶段：单一银行体系（1949—1978）

新中国最早的农村正规金融组织可以追溯到20世纪50年代的农村信用合作社。在中央集权的计划经济时期（1978年以前），国家负责一切资源的分配，信贷也不例外。政府是几乎所有工商企业的所有者，企业的一切投资决定都出自国家计划部门，经济领域不存在真正意义上的市场。与之相适应的是，银行体系采用的也是高度集权的体制。

就农村金融领域而言，当时的中国人民银行作为财政部领导下的金融主管机构和唯一经营者，建立了遍布全国农村的存贷款业务网点。人民银行的农业部，从省到乡镇一级政府机构，都设有分部。与此同时，建立于20世纪50年代的专门为农户生产提供信贷服务的农村信用合作社，与人民银行的农业部及其分部一起，构成了农村金融组织体系。当时的农村信用合作社有10多万家，几乎遍布每一个乡镇。到20世纪50年代后期，人民银行接管了农村信用合作社，之后直至整个 60 年代以及 70 年代的人民公社时期，农村信用合作社都是农村地区信贷、储蓄计划的执行机构。

正如经济领域的其他机构一样，农村地区的两家金融机构之间不仅毫无竞争，而且更像是出纳和会计的关系。在计划经济体制下，工业体系不需要商业化取向的金融机构为其提供服务，农村金融机构的任务也就是为农业生产提供必需的信贷资金，使农业能够为资本集约型的工业发展源源不断地输送廉价粮食和原材料。

（二）第二阶段：农村金融机构体系逐步完善（1979—2002）

20 世纪 70 年代末，我国开始实行经济体制改革。这场始发于农村的改革，通过实行土地承包责任制和提高农产品价格，大大激发了农民的生产积极性。不久，农村工业领域也开始实行改革，大批商品的生产经营权放开，乡镇企业由此广泛兴起。商品市场的初步放开，使短缺经济下消费者被长期压抑的消费需求释放出来，乡镇企业恰好适应了这种需求，得到迅速蓬勃发展。农业产量的大幅度提高，农村工业化的兴起，使改革初期农民收入大幅度增长。1978—1984 年，农村居民人均收入年增长率达到 73.2%。[①] 同一时期，农村工业部门的生产值增长 1 188.1%，大大高于同期全国工业生产总值 227.8% 的增长率，

---

① 人均收入已运用农产品购买价格指数进行平减。

农村工业生产值占工业生产总值的比重也从 1980 年的 13% 上升到 1990 年的 40%。[1] 进入 20 世纪 90 年代，县及县以下的乡镇企业和国有企业普遍进行了改制，私营中小企业蓬勃发展。到 2000 年，国有企业的产出占比已降至 30% 以下，农村劳动力市场及其他要素市场已基本实现了自由化。信息技术的发展使金融监管更加有效，法治环境有所改善，履约约束力大大增强。

1993 年 11 月，中国共产党十四届三中全会明确提出了我国金融体制改革的总体目标。同年 12 月，国务院颁发了《关于金融体制改革的决定》，我国农村金融体系进行了一系列的改革。这些改革措施在保持农村金融体系稳定、改善服务、防范风险等方面做了不少探索，并取得了一定的效果。农村金融格局也发生了较大的变化，初步形成了以合作金融为基础，商业性金融、政策性金融分工协作的农村金融体系。

一是恢复设立中国农业银行。金融体制改革中，首先从中国人民银行中拆分和组建了四大国有专业银行。人民银行在计划经济时期是金融领域唯一的融资主体，由此承担了过多职能，一旦经济放开，就难以胜任其复杂的职能。而在农村领域，单一的银行制度也根本无法为蓬勃发展的非国有企业提供融资。农业银行及其分支机构作为农村地区的唯一国有金融机构负责向农业生产提供信贷，统一管理支农资金，领导农信社，其他专业银行不得在农村地区开展业务，以防止与农业银行形成竞争。农业银行集

① 所有数据已经平减。

财政性拨款管理、商业性信贷业务和合作制金融组织管理于一身，占据了农村金融体系的核心地位。农业银行及农信社在政策性业务外出现资金闲置，于是开始发展商业性信贷业务。尽管信贷总规模和期限结构仍被严格控制，但信贷投向性质却发生了很大变化。自 1980 年至 1994 年，农业银行和农信社投向农村工业的贷款增长了 12 倍，远高于其他投向的贷款增长速度，农村工业贷款的占比也从 13.8% 提高到了 33.2%。

二是恢复农信社的合作金融组织地位。1979 年，农信社的管理权由人民银行划归农业银行，但两者间的关系在各地、各个时期又有所不同。有的地区农信社与农业银行合二为一；有的地区位于乡镇的农信社与当地农业银行分支机构相互独立，但由同一个农业银行县级支行管理。1983 年开始，农信社自发地在县一级组建联社，目的是增强农信社系统的独立性，但仍是农业银行县级支行的一个部门。在很多地区，农业银行和农信社是两块牌子，一套班子。尽管国务院在 1984 年提出把农信社办成“自主经营、自负盈亏”的群众性合作金融组织，这种特殊关系使农信社带上了“官办”色彩，然而并没有真正实现合作制，农村金融在商业化过程中，仍然缺乏有效竞争。截至 1995 年底，共有独立核算农信社 5 万个，贷款额占整个农业生产贷款的 60% 以上，是名副其实的农村金融主力军。1996 年，按照《国务院关于农村金融体制改革的决定》，农信社与农业银行脱离行政隶属关系，业务管理和金融监管工作分别由县联社和中国人民银行承担，按照自愿入股、民主管理和主要为入股社员服务的原则推进合作制改革，但成效并不明显，农信社历史包袱沉重、资产质量差、潜在风险大，服务方式、服务手段远远不能适应农村经济发展的需要。2000 年至 2002 年是农信社“法人与组织体系试点”阶段，江苏在明晰产权、完善经营机制、以县为单位统一法人、组建省联社和农村商业银行等方面进行了探索。伴随国有金融机构在农村收缩，以及农村合作基金会的全部撤并，客观上赋予农信社独立支撑农村金融的职能，农信社自身能力与所负责任不相称的矛盾第一次暴露出来。

三是组建邮政储蓄机构。1986 年，国务院批准邮政部门恢复办理储蓄业务，并在邮电系统内设置了邮政储汇局，对邮政储蓄、汇兑等金融业务进行管理。起初，是邮政部门代理人民银行经办储蓄，存款全部缴存人民银行，人民银行按月支付 0.22% 的代办费用。1990 年后，邮政储蓄改为自办，但吸收的存款仍然全部转存人民银行，人民银行向其支付较高的转存利率。在 20 世纪 80 年代和 90 年代初国内通货膨胀较高时期，邮政储蓄在吸收社会资金、回笼货币方面，发挥了积极作用。在农村地区，邮政储蓄在储蓄和汇兑等方面发挥了很大作用。

四是体制外的农村金融组织形式出现，由于缺乏适宜的监管理念和手段，很快被清理整顿。随着家庭联产承包责任制的发展，在清理农村基层财物的过程中，农村合作基金会于 1984 年兴起，资金来源以集体资金为主，贷款对象主要是本乡和村内的农民。到 1992 年末，全国 37% 的乡镇和 15% 的村都建立了不同类型的农村合作基金会。针对农村合作基金会日益增加的风险隐患，1999 年，中央决定在全国范围内撤销农村合作基金会，并对其进行清算。

五是组建农业发展银行，实现政策性业务与商业性业务的分离。生产水平的大幅提高使原来纯粹是政策性的金融业务有了商业化经营的土壤。中国农业发展银行承担了国家粮棉油储备和农副产品合同收购、农业开发等政策性贷款业务。农业银行向农业发展银行划转了 1 860.84 亿元的政策性贷款，初步实现了政策性业务与商业性业务的分离。在农业发展银行机构设置尚未到位之前，为确保政策性业务正常开展，建设银行和农业银行于 1994 年 7 月 1 日起，分别代理了大中型农林牧水利基本建设、技术改造贷款和其他农业发展银行业务。

六是在治理整顿中继续推进改革。20 世纪 90 年代初期以来，农村金融改革发展中出现了风险问题，国家加大了风险处置力度，规范整顿农村金融秩序，主要体现在“收缩”“取缔”两个方面。按 1997 年中央金融工作会议要求，“各国有商业银行收缩县（及以下）机构”。1998—1999 年，为适应粮食流通体制改革的需要，国务院将农业发展银行业务缩小为粮棉油收购贷款，原承担的农业综合开发、扶贫、粮棉油收购等专项贷款和人民银行自营的贷款划归农业银行管理。按照中央要求，打击取缔了农村合作基金会等各种非正规金融活动。

（三）第三阶段：农村金融政策体系逐步建立（2003 年至今）

在江苏改革试点基础上，2002 年全国金融工作会议确定的农信社改革基本思路有五条：在组织模式上不搞一刀切，条件允许的地方可以实行商业化，不搞全国纵向条条管理，坚持小额信用贷款，省政府参与风险化解。上述总体思路是符合客观实际的，但在具体操作上还必须解决好三重道德风险：一是农信社没有破产风险，在“支农”名义下经营亏损；二是利用解决“历史包袱”，地方政府和农信社向中央政府漫天要价，又不能解决根本性的体制问题；三是利用政策性业务和商业性业务的交叉，以“支农”名义向人民银行要资金。2003 年 8 月，在农村乡镇企业和国有中小企业改制经验的启示下，启动了农信社改革试点工作，允许私人参股农信社以重构其股权结构。2003 年，国发 15 号文《国务院关于印发深化农村信用社改革试点方案的通知》确定农村信用社改革方案，按照“国家宏观调控、加强监管，省级政府依法管理、落实责任，信用社自我约束、自担风险”原则，改革试点工作首先在全国八省开展。改革主要举措有：将农信社交由省政府管理，人民银行通过央行专项票据和发放专项再贷款支持农信社改革，财税部门提供 1994—1997 年保值补贴和税收减免。2004 年 8 月，国务院决定，将深化农信社改革试点扩大到北京、天津等 21 个省（区、市）。2006 年末，海南省农信社试点工作正式启动，标志着农信社改革在全国范围内全面推开（西藏没有农信社，除外）。

为了配套推进改革，各地在这一阶段推进的改革措施还包括：扩大农业发展银行业务范围，2004 年后相继开展了农业小企业贷款、农业科技贷款、农业基础设施建设贷款等新业务。

启动邮政储蓄改革。自2003年8月1日起，人民银行改革邮政储蓄转存款计息办法，邮政储蓄新增存款转存人民银行的部分，按照金融机构准备金存款利率计息（年利率为1.8%），此前的邮政储蓄转存款暂按原转存款利息计息（年利率为4.131%）。同时，允许邮政储蓄新增存款由邮政储蓄机构在规定的范围内自主运用。2005年8月，政府启动了邮政体制改革，包括实现邮政金融业务规范化经营。一是改变邮政储蓄资金全额转存人民银行模式。以2003年8月1日为界，邮政储蓄在人民银行的原有转存款在2005年8月1日前维持现行政策不变，同时邮政储蓄新增存款由邮政储蓄机构自主运用。自2005年8月1日起，邮政储蓄机构在人民银行的原有转存款分5年逐步转出。二是逐步扩大邮政储蓄资金的自主运用范围。2006年12月31日，邮政储蓄从邮政系统中分离出来，成立中国邮政储蓄银行，逐步向全功能微型金融服务机构方向发展。

2007年的全国金融工作会议确定了农业银行“面向‘三农’、整体改制、商业运作、择机上市”的总体改革方向。为提升农村金融市场竞争，2006年底，中国银监会调整和放宽了农村地区银行业金融机构准入政策，允许成立村镇银行、资金互助社、贷款公司及只贷不存的小额贷款公司，试点农业保险等。多样化的农村金融组织形式对满足多样化的金融需求进行了有益的探索。但是，距离全面建立高效竞争的现代农村金融体系还任重道远。

经过一段时间的探索，农村金融体系改革政策逐步成熟，形成了四大工具箱:《国务院办公厅关于金融服务“三农”发展的若干意见》(国办发〔2014〕17号),国务院《推进普惠金融发展规划(2016—2020年)》,人民银行等部门《关于金融助推脱贫攻坚的实施意见》和2016年G20杭州峰会《G20数字普惠金融高级原则》。例如,为了解决农户贷款难的问题,人民银行从1999年开始通过支农再贷款鼓励农信社发放小额信用贷款,至此已经形成一整套结构性货币政策工具。

总的来看,我国渐进式农村金融改革的基本逻辑或特点是以需求为导向,有需求才有改革。在农村乡镇集体企业为主的时代,集体信用居于支配地位,当时的农业银行与农信社在支持乡镇企业的发展过程中曾经发挥了重要的作用。20世纪90年代初期,乡镇集体企业开始改制,私营企业在一些地区出现了突破性的发展,个体信用慢慢地取代集体信用成为农村信用的主要形式。农业银行的商业化改革,信用社与农业银行脱钩,抵押和各种担保条款的引入,以个体信用和农户联保为基础的小额信贷等金融产品的出现,在一定程度上缓解了国有和集体金融体制与个体信用之间的矛盾,农村金融在支持私营企业和个体工商业发展中发挥了积极的作用。

在这一改革过程中,也产生了不少问题。在乡镇企业改制,以及在集体信用向个体信用转型和衔接的过程中,产生了大量不良贷款。随着国有商业银行在市场化改革进程中逐渐退出农村金融市场,以及对农村合作基金会的整顿,农信社成了农村金融市场上的金融服务主力军。大量的资金通过农村的金融机构流出农村地区。就农信社的改革而言，表面的改革没有在根本上触动农村金融机构的微观基础，特别是农信社治理结构虚置的问题一直没有根本改变。

二、我国农村金融改革发展取得了重要进展

党的十八大以来，以服务和推进农业现代化及供给侧结构性改革为目标，我国农村金融改革不断深化，扶持政策日益完善，金融机构产品和服务创新力度不断加大，金融助推脱贫攻坚力度不断加大，普惠金融不断推进，农村金融综合改革试验区建设取得实效，农村金融基础设施建设取得较大进展，农村金融服务的广度和深度显著提升，为促进农民收入较快增长发挥了重要作用。

（一）“三农”信贷投入持续稳定增长

截至 2017 年末，农业贷款余额 3.87 万亿元，同比增长 5.7%，增速比上年末高 1.5 个百分点。农村贷款余额 25.14 万亿元，同比增长 9.3%，增速比上年末高 2.8 个百分点，全年增加 2.5 万亿元，同比多增 6 060 亿元（见表 1.1）。农户贷款余额约 8.11 万亿元，同比增长 14.4%，增速比上年末低 0.8 个百分点，全年增加 1 万亿元，同比多增 880 亿元。农林牧渔业贷款余额 3.9 万亿元，同比增长 5.7%，增速比上年末高 1.5 个百分点，全年增加 2 187 亿元，同比多增 394 亿元。全口径涉农贷款余额 30.95 万亿元，占各项贷款

表 1.1　2007—2017 年末各项涉农贷款统计情况

日期	农村贷款					农户贷款					农林牧渔业贷款					全口径涉农贷款				
	余额		比年初增量		余额同比增长（%）	余额		比年初增量		余额同比增长（%）	余额		比年初增量		余额同比增长（%）	余额		比年初增量		余额同比增长（%）
	本期数（亿元）	占各项贷款比重（%）	本期数（亿元）	占各项贷款比重（%）		本期数（亿元）	占各项贷款比重（%）	本期数（亿元）	占各项贷款比重（%）		本期数（亿元）	占各项贷款比重（%）	本期数（亿元）	占各项贷款比重（%）		本期数（亿元）	占各项贷款比重（%）	本期数（亿元）	占各项贷款比重（%）	
2007.12	50 384	18.1				13 399	4.8				15 055	5.4				61 151	22			
2008.12	55 569	17.4	9 265	18.6	18.4	15 170	4.7	2 192	4.4	16.4	15 559	4.9	1 507	3.0	10.0	69 124	21.6	12 738	25.6	20.8
2009.12	74 551	17.5	20 195	19.2	34.2	20 134	4.7	4 973	4.7	32.7	19 488	4.6	4 248	4.0	25.2	91 316	21.5	23 482	22.3	32.1
2010.12	98 017	19.2	23 467	28.1	31.5	26 043	5.1	5 909	7.1	29.4	23 045	4.5	3 557	4.3	18.3	117 658	23.1	26 342	31.5	28.9
2011.12	121 469	20.9	22 508	28.6	24.7	31 023	5.3	5 079	6.4	19.1	24 436	4.2	2 937	3.7	13.7	146 016	25.1	27 271	34.6	24.9
2012.12	145 467	21.6	23 968	26.3	19.8	36 195	5.4	5 000	5.5	15.9	27 261	4.1	3 102	3.4	11.6	176 310	26.2	30 119	33.1	20.8
2013.12	173 025	22.6	28 946	31.0	18.9	45 047	5.9	8 894	9.5	24.5	30 437	4.0	3 487	3.7	11.7	208 893	27.3	34 024	36.5	18.5
2014.12	194 383	23.2	24 525	26.7	12.4	53 587	6.4	8 556	9.3	19.0	33 394	4.0	3 065	3.3	9.7	236 002	28.1	29 984	32.6	13.0
2015.12	216 055	22.8	22 274	22.1	11.2	61 488	6.5	7 823	7.8	14.8	35 137	3.7	1 897	1.9	5.2	263 522	27.8	28 803	28.6	11.7
2016.12	230 092	21.6	19 374	16.4	6.5	70 846	6.6	9 494	8.0	15.2	36 627	3.4	1 793	1.5	4.2	282 336	26.5	24 147	20.4	7.1
2017.12	251 398	20.7	25 434	16.8	9.3	81 056	6.7	10 374	6.9	14.4	39 713	3.2	2 187	1.4	5.7	309 547	25.4	30 829	20.4	9.6
2007—2017 年年均增长（%）	18.69					20.14					11.53					18.74				

注：涉农贷款按用途划分包括农林牧渔业贷款和其他涉农贷款两部分。其他涉农贷款主要是金融机构发放的除农林牧渔业贷款之外的各项贷款，其中包含金融机构发放给企业和各类组织用于支付农业产前、产中、产后的各环节，以及用于农村基础设施建设的各类特定用途贷款，主要有农用物资和农副产品流通贷款、农村基础设施建设贷款、农产品加工贷款、农业生产资料制造贷款、农田基本建设贷款、农业科技贷款，还包括在其他方面促进农村地区经济发展的贷款，如县域地区的房地产贷款、建筑业贷款、除农林牧渔业贷款之外的农村个体户贷款。

数据来源：中国人民银行调查统计司。

（不含票据融资）余额比重为 25.4%；余额同比增长 9.6%，比上年末高 2.5 个百分点。

截至 2017 年末，全国农村信用社的各项存贷款余额分别为 27.2 万亿元和 15.0 万亿元，占同期全部金融机构各项存贷款余额的比例分别为 16.1% 和 11.9%；全国农村信用社涉农贷款余额和农户贷款余额分别为 9.0 万亿元和 4.4 万亿元，比上年末分别增长 9.5% 和 11.6%。金融机构本外币涉农贷款情况见表 1.2。

表 1.2　金融机构本外币涉农贷款月报表（2017.12.31）

	余额		当年新增额		同比增长（%）
	本期（亿元）	占各项贷款比重（%）	本期（亿元）	占各项贷款比重（%）	
涉农贷款	309 547	25.4	30 829.3	204	9.6
一、按用途分类					
（一）农林牧渔业贷款	38 713	3.2	2 187.0	1.4	5.7
（二）农用物资和农副产品流通贷款	28 332	2.3	−105.3	−0.1	−0.7
（三）农村基础设施建设贷款	51 268	4.2	11 520.0	7.6	27.6
（四）农产品加工贷款	12 454	1.0	−264.5	−0.2	−2.5
（五）农业生产资料制造贷款	5 990	0.5	70.6	0.0	0.1
（六）农田基本建设贷款	2 506	0.2	−3.6	0.0	−2.0
（七）农业科技贷款	384	0.0	20.5	0.0	4.5
（八）其他	169 900	14.0	17 404.8	115	9.4
二、按城乡地域分类					
（一）农村（县及县以下）贷款	251 398	20.7	25 433.9	16.8	9.3
1. 农户贷款	81 056	6.7	10 373.9	6.9	14.4
其中：农户消费贷款	34 067	2.8	7 374.0	4.9	27.4
2. 农村（县及县以下）企业及各类组织贷款	170 343	14.0	15 060.0	9.9	7.0

续表

	余额		当年新增额		同比增长（%）
	本期（亿元）	占各项贷款比重（%）	本期（亿元）	占各项贷款比重（%）	
（二）城市涉农贷款	58 149	4.8	5 395.4	3.6	113.0
1. 城市企业及各类组织涉农贷款	55 876	4.6	51 162.0	3.4	112.0
2. 非农户个人农林牧渔业贷款	2 273	0.2	279.2	0.2	15.0
三、按受贷主体分类					
（一）个人涉农贷款	83 329	6.8	10 653.1	7.0	14.4
1. 农户贷款	81 056	6.7	10 373.9	6.9	14.4
2. 非农户个人农林牧渔业贷款	2 273	0.2	279.2	0.2	15.0
（二）企业涉农贷款	217 886	17.9	22 223 3	14.7	9.5
1. 农村（县及县以下）企业贷款	164 918	13.5	16 069.5	10.6	8.0
2. 城市企业涉农贷款	52 969	4.4	6 153.8	4.1	14.2
（三）各类非企业组织涉农贷款	8 332	0.7	–2 047.1	–1.4	–20.5
1. 农村（县及县以下）各类组织贷款	5 425	0.4	–1 009.5	–0.7	–17.6
2. 城市各类组织涉农贷款	2 907	0.2	–1037.6	–0.7	–25.2

数据来源：中国人民银行调查统计司。

（二）农村金融机构的健康度明显改善

农村金融机构已从整体上摆脱财务破产和声誉破产的状况。截至 2016 年底，全国农村中小金融机构全年实现净利润 2 449 亿元，同比增长 4.2%。资产利润率 0.9%，资本利润率 12%，总体保持较好水平。根据 2017 年第四季度《中国货币政策执行报告》，农村信用社资产质量改善：按贷款五级分类口径统计，截至 2017 年末，全国农村信用社资本充足率为 11.7%，全国农村信用社不良贷款余额和比例分别为 6 204.3 亿元和 4.2%，2017

年实现利润 2 487.8 亿元，比 2016 年增加 146.7 亿元。

尽管农村金融机构发展存在很大差距，但一部分农村金融机构发展势头较好。据不完全统计，已上市或正在筹备上市的农村商业银行接近 30 家，上市地覆盖 A 股、H 股和新三板，有 17 家农村商业银行开展资产证券化和理财直融先行先试。2010 年 12 月 16 日，重庆农村商业银行成功在香港 H 股主板上市，成为全国首家上市农村商业银行、首家境外上市的地方银行、西部地区首家上市银行。2014 年 5 月，琼中农信在全国中小企业股份转让系统（即新三板）正式挂牌。2016 年 1 月，无锡农商行 A 股主板 IPO（首次公开募股）发行申请获得中国证监会 IPO 发审会过会，成为全国首家 A 股主板过会的农村商业银行。随后，江阴农商行、常熟农商行、吴江农商行和张家港农商行等 4 家农商行也成功进入 A 股市场融资，这对于增强资本实力起到了重要作用。2017 年 1 月 12 日，吉林九台农商行在港交所主板挂牌，继重庆农商行之后，港交所又迎来一家中资农商行。此外，至少还有 15 家农商行正在筹备登陆 A 股或 H 股，6 家农商行正积极筹备登陆新三板。农村金融机构上市不但拓宽了资本补充渠道，而且有利于强化其公司治理和信息披露，从而建立起现代化商业银行的基本框架。

（三）普惠金融发展指标处于国际较好水平

早在 2013 年和 2014 年，G20 普惠金融指标体系展示的中国普惠金融指标数据共有 30 个。从各项指标的世界排名情况来看，中国排在所有国家和地区前 30% 的指标共有 12 个。2017 年世界银行的 Global Findex（全球金融包容性指数）数据库新增金融科技指标，包括手机移动支付和互联网金融交易。2017 年，中国 49% 的成年人通过互联网实现数字支付，远高于发展中国家 11% 的平均水平。2017 年，发展中国家 53% 的网购是通过现金支付的，而中国的在线支付已达到 85%。储蓄和账户等多项指标表现较好，如拥有储蓄账户的成年人占比（80.2%）和在金融机构储蓄的成年人占比（80.2%）等指标优于中等收入国家的平均值（73.1% 和 72.8%）。但在侨汇汇入和个人信贷等方面表现不尽如人意。比如 2017 年中国通过账户收到的侨汇汇入占比 14.8 %，低于东亚和太平洋地区国家的平均值 15.0%。通过金融机构或信用卡借款的成年人比例为 22.7%，仅略高于中等国家的平均值 0.3 个百分点。2017 年中国在 Global Findex 指标体系中的排名情况见表 1.3。

表 1.3　2017 年中国在 Global Findex 指标体系中的排名（单位：%）

序号	指标名称	中国指标数值	发展中国家平均值	世界排名第一的国家和地区	排名第一的指标数值	世界各国平均值
1	在正规金融机构储蓄的成年人比例（女性）	30	24	挪威	78	29
2	在正规金融机构储蓄的成年人比例	35	24	挪威	79	29
3	在正规金融机构储蓄的成年人比例（收入处在前 60% 的人）	46	27	瑞典	85	33
4	在正规金融机构储蓄的成年人比例（收入处在后 40% 的人）	18	11	挪威	71	17

续表

序号	指标名称	中国指标数值	发展中国家平均值	世界排名第一的国家和地区	排名第一的指标数值	世界各国平均值
5	在正规金融机构储蓄的成年人比例（男性）	39	18	挪威	81	24
6	在正规金融机构持有账户的成年人比例（收入处在后40%的人）	68	54	丹麦	100	61
7	在正规金融机构持有账户的成年人比例	80	63	丹麦、芬兰、挪威	100	69

数据来源：Global Findex。该数据中的中国数据不包括西藏和新疆，其占人口总数不到5%。除非另有说明，中国的数据不包括香港特别行政区、澳门特别行政区和台湾省的数据。

考虑到国际比较指标存在一定偏差，从我国自己的指标看，农村金融服务可得性表现更为突出。截至2016年底，全国农村中小金融机构业务发展基本平稳，资产总额达29.9万亿元，负债总额达27.7万亿元，均占银行业的13.5%。新增营业网点999个、便民服务点1.9万个，承担了87%的基础金融服务“村村通”任务。涉农贷款余额8.7万亿元，小微企业贷款余额7.3万亿元，分别实现了总量持续增长和“三个不低于”目标。截至2016年底，全国1 259个县（市）设立村镇银行，县市覆盖率达67%，累计为352万农户和小微企业发放贷款580万笔，累计发放贷款金额3万亿元。另外，部分农村金融机构不断加大对低收入人群、困难人群、贫困人群、创业农民、创业大中专学生、残疾劳动者等资金较为短缺及需要扶持人群的金融支持，完善对特殊群体的无障碍金融服务。其中还出现了“双基联动”“马背银行”等新型服务模式，较好解决了农村偏远地区信息不对称和普惠金融服务“最后一公里”的问题。如“双基联动”是将村委会和基层银行营业网点的力量联动起来，通过村委会建立贫困户信用档案，组织农民互担互保，帮助清收贷款。

第二章　本轮农村金融政策及创新的主要做法

21 世纪以来，中国农业农村政策出现了重大变化，特别是以全面取消农业税为标志，迎来了“城市反哺农村”的新政策周期，国家财政政策逐年加大了对农业农村的投入。同时，人民银行也通过金融政策加大了对农村金融机构的支持。

这一阶段，从“主动脉”到“毛细血管”逐级悄然成型的农村金融体系，也成为国家加大“三农”投入的重要渠道，从财税直接补贴涉农信贷业务、结构性货币政策优惠，到财政促进农业保险、融资担保等体系建立完善，正向激励扶持力度不断加大，政策措施体系也日趋完善，这对消化金融机构历史包袱，缓解农业贷款成本高、风险大和低收入农户贷款难问题，以及促进改革创新和有效调动服务“三农”积极性发挥了重要作用。

一、财政金融政策引导农村金融机构体系服务“三农”

以 2003 年深化农村信用社改革试点工作启动为标志，多层次、广覆盖、适度竞争的农村金融机构体系建设不断推进，政策性金融、商业性金融和合作性金融功能互补、相互协作的体系日益完善。同时，偏远农村地区基础金融服务全覆盖工作不断推进。截至 2016 年末，全国金融机构空白乡镇从启动时（2009 年 10 月）的 2 945 个减少到 1 296 个，实现乡镇金融机构和乡镇基础金融服务双覆盖的省份（含计划单列市）从 2009 年 10 月的 9 个增加到 29 个。金融机构积极利用移动互联网等新兴技术扩大金融服务的覆盖面和便利性。2016 年农村中小金融机构从业人员、法人机构和营业网点情况见表 2.1。目前，我国人均持有银行账户数量、银行网点密度等基础金融服务水平已达到国际中上游水平。

表 2.1　农村中小金融机构从业人员、法人机构和营业网点情况

机构名称	2016 年		
	从业人员数（人）	法人机构数（个）	营业性网点（个）
合计	951 030	3 783	83 750
农村信用社	297 083	1 125	28 285
农村商业银行	558 172	1 114	49 307
农村合作银行	13 561	40	1 381
村镇银行	81 521	1 443	4 716
贷款公司	104	13	13
农村资金互助社	589	48	48

注：从业人员是指在岗人员数；机构数是指法人数，不统计非法人机构数。
数据来源：中国银监会。

近年来，我国中央财政和税务部门不断完善和创新财税政策，扩大财政奖励和补贴范围，加大政策支持力度和整合力度，为农村金融持续发展提供了支持。金融机构本外币涉农贷款分机构情况见表 2.2。

表 2.2　金融机构本外币涉农贷款分机构报表（2017.12.31）

	农林牧渔业贷款		农村（县及县以下）贷款		农户贷款		涉农贷款	
	余额（亿元）	同比增长（%）	余额（亿元）	同比增长（%）	余额（亿元）	同比增长（%）	余额（亿元）	同比增长（%）
全金融机构	38 713	5.7	251 398	9.3	81 056	14.4	309 547	9.6
中资全国性大型银行	6 417	3.5	95 311	8.0	27 970	16.7	112 910	8.6
中资中型银行	2 337	6.7	48 944	9.1	1 822	21.2	75 568	9.9
中资小型银行	20 455	18.3	84 772	18.6	38 049	25.2	96 138	17.8
其中								
农村商业银行	15 689	22.3	56 254	22.0	30 330	27.8	64 355	21.2
农村合作银行	646	−11.6	1 212	−17.4	787	−20.4	1 478	−16.3
村镇银行	1 995	15.7	5 667	14.4	3 942	21.9	6 343	14.3
农信社	9 415	−13.8	21 459	−13.2	13 092	−12.2	23 813	−11.9
中资财务公司	83	173.8	904	15.9	122	52.9	1 103	19.3

（一）直接激励农村金融机构业务发展

自 2008 年起，财政部实施县域金融机构涉农贷款增量奖励和农村金融机构定向费用补贴政策。2015 年，上述奖补资金被整合并入普惠金融发展专项资金。根据现行政策，县域金融机构[①]涉农贷款增量奖励是对符合条件的县域金融机构涉农贷款平均余额同比增长超过 13% 的部分，财政部门按照不超过 2% 的比例给予奖励。奖励资金由中央和地方财政按规定的比例分担，东、中、西部地区中央财政与地方财政的分担比例分别为 3∶7、5∶5、7∶3。实施范围包括河北、山西、内蒙古、辽宁、吉林、黑龙江、江苏、安徽、福建、江西、山东、河南、湖北、湖南、广西、海南、四川、重庆、贵州、云南、西藏、陕西、甘肃、青海、新疆 25 个省（自治区、直辖市）。农村金融机构定向费用补贴是针对符合条件的新型农村金融机构[②]和基础金融服务薄弱地区的银行业金融机构（网点），财政部门按照不超过其贷款平均余额的 2% 给予补贴，补贴资金由中央和地方财政按规定的比例分担，东、中、西部地区中央财政与地方财政的分担比例分别为 3∶7、5∶5、7∶3，实施范围为全国。

---

① 县域金融机构指县级（含县、县级市、县级区，不含县级以上城市的中心区）区域内具有法人资格的金融机构和其他金融机构（不含农业发展银行）在县及县以下的分支机构。

② 新型农村金融机构，是指经银监会批准设立的村镇银行、贷款公司、农村资金互助社 3 类农村金融机构。享受补贴的条件包括：第一，当年贷款平均余额同比增长；第二，村镇银行的年均存贷比高于 50%（含 50%）；第三，当年涉农贷款和小微企业贷款平均余额占全部贷款平均余额的比例高于 70%（含 70%）。

（二）税收优惠进一步明确了农村业务导向

在农村金融税收优惠方面（相关政策见表2.3）：对金融机构发放的10万元以下农户小额贷款的利息收入免征增值税，对上述利息收入在计算应纳税所得额时，按90%减计收入总额；涉农和中小企业贷款损失准备金实行税前扣除；对农业发展银行、农村信用社、村镇银行、农村资金互助社、符合条件的农村商业银行、农村合作银行、农业银行县域支行等涉农金融机构，适用简易计税方法按照3%的征收率计算缴纳增值税；符合条件的担保机构从事中小企业信用担保或者再担保业务取得的收入3年内免征增值税；等等。

表2.3　农村金融税收优惠政策一览

文件名	文件号	主要内容
《财政部 国家税务总局关于延续并完善支持农村金融发展有关税收政策的通知》	财税〔2014〕102号	对金融机构发放的农户小额贷款（10万元以下）利息收入免征增值税，对上述利息收入在计算应纳税所得额时，按90%减计收入
《财政部 国家税务总局关于金融企业涉农贷款和中小企业贷款损失准备金税前扣除有关问题的通知》	财税〔2015〕3号	对涉农贷款5级分类中的关注类、次级类、可疑类及损失类等四类贷款资产可分别按2%、25%、50%和100%的比例计提专项准备金并予以税前扣除
《财政部 国家税务总局关于全面推开营业税改征增值税试点的通知》	财税〔2016〕36号	符合条件的担保机构从事中小企业信用担保或者再担保业务取得的收入3年内免征增值税
《财政部 国家税务总局关于营业税改征增值税试点若干政策的通知》	财税〔2016〕39号	中国农业发展银行总行及其分支机构提供涉农贷款取得的利息收入，可以选择适用简易计税方法按照3%的征收率计算缴纳增值税

续表

文件名	文件号	主要内容
《财政部 国家税务总局关于进一步明确全面推开营改增试点金融业有关政策的通知》	财税〔2016〕46号	对农村信用社、村镇银行、农村资金互助社、由银行业金融机构全资发起设立的贷款公司以及法人机构所在地在县及县（市）以下地区的农村合作银行以及农村商业银行的金融业收入，可选择适用简易计税方法按照3%的征收率计算缴纳增值税；中国农业银行纳入三农金融事业部改革试点的县域支行提供农户贷款、农村企业和农村各类组织贷款取得的利息收入，可选择适用简易计税方法按照3%的征收率计算缴纳增值税

（三）积极发挥差别化存款准备金政策作用

2015年，人民银行决定对部分涉农金融机构执行定向存款准备金率政策。此外，综合运用差别化准备金率、再贷款、抵押补充贷款等多种货币政策工具，扎实开展信贷政策导向评估，加强评估结果与再贷款、再贴现、债券备案等的有机结合，引导金融机构加大对“三农”、小微企业的信贷投放，降低融资成本，提高农村金融服务水平，促进“三农”发展。

2015年11月，县域农村商业银行执行12%的存款准备金率，农村合作银行、农村信用社、村镇银行执行9%的存款准备金率，分别比大型商业银行低5个和8个百分点。上述机构中满足新增存款一定比例用于当地贷款的，其存款准备金率可再降1个百分点；符合审慎经营要求，并且“三农”或小微企业贷款达到一定比例的商业银行可享受较同类机构法定水平低0.5~1.5个百分点的存款准备金率；中国农业银行县级三农金融事业部执行比农业银行低两个百分点的存款准备金率。为支持金融机构发展普惠金融业务，2017 年 9 月，人民银行决定，从 2018 年起，对符合宏观审慎经营标准，并且向普惠金融对象贷款（包括单户授信小于 500 万元的微型企业贷款等 8 类贷款）达到一定比例的商业银行实施定向降准政策。现行县域农村商业银行、农村合作银行、农信社、村镇银行存款准备金率为 8%，如果在“新增存款一定比例用于当地贷款”考核中达标，存款准备金率可再低 1 个百分点。换言之，县域农村商业银行、农村合作银行、农信社、村镇银行存款准备金率最低为 7%。大型银行（工、农、中、建、交、邮储）存款准备金率为 12%~13.5%（符合普惠金融定向降准考核标准的，可由 13.5% 再下调 0.5~1.5 个百分点）。按此计算，最低的县域农村金融机构准存率为 7%，比存款准备金率最高的大型银行（13.5%）低 6.5 个百分点。

（四）加大再贷款再贴现、抵押补充贷款支持力度

适时适度下调支农、支小再贷款利率水平。目前一年期支农、支小再贷款利率为 2.75%。加强对支农、支小再贷款的监测管理。明确运用支农、支小再贷款发放涉农贷款和小微企业贷款的利率水平，以及投向、用途、数量的监测考核量化标准，规范完善支农、支小再贷款业务管理，确保支农、支小再贷款资金全部用于发放涉农贷款和小微企业贷款。创设扶贫再贷款，实行比支农再贷款更为优惠的利率（目前一年期扶贫再贷款利率为 1.75%），

专门用于引导地方法人金融机构扩大贫困地区信贷投放。为支持金融机构提供支农、支小、扶贫贷款，人民银行 2016 年累计发放再贷款 4 390 亿元，2016 年末再贷款余额为 3 750 亿元；人民银行 2016 年累计办理再贴现 3 810 亿元，2016 年末再贴现余额为 1 170 亿元。

开展信贷资产质押和实行内部评级试点。为解决地方法人金融机构借用支农、支小再贷款合格抵押品不足问题，人民银行在 11 家分支机构开展了信贷资产质押和央行内部评级试点，取得了良好效果。根据人民银行《2017 年第四季度中国货币政策执行报告》，截至 2017 年末，全国支农再贷款余额为 2 564 亿元，比上年增长 6.7%；支小再贷款余额为 929 亿元，比上年增加 12.9%；扶贫再贷款余额为 1 616 亿元，比上年增加 10.3%。

完善再贴现管理政策，对涉农票据、小微企业持有或收受的票据，以及中小金融机构承兑、持有的票据优先办理再贴现并给予优惠利率支持。截至 2017 年末，再贴现余额为 1 829 亿元，比上年增加 21.6%。

发放抵押补充贷款。经国务院批准，人民银行对国家开发银行、中国进出口银行和中国农业发展银行发放抵押补充贷款，主要用于支持三家银行发放棚改贷款、重大水利工程贷款、人民币“走出去”项目贷款等。2017 年，人民银行向三家银行提供抵押补充贷款共 6 350 亿元，其中第四季度提供 1 511 亿元，期末抵押补充贷款余额为 26 876 亿元。

加强信贷政策评估的政策导向效果。扎实开展信贷政策导向评估，加强评估结果与宏观审慎评估体系（MPA）、再贷款、再贴现、债券备案等的有机结合，不断增强评估工作的政策导向效果。

二、完善担保和保险创新有效分担风险

（一）“两权”抵押贷款试点拓展农村担保品范围

农村土地制度是农村产权制度的核心，农村土地制度给农民的赋权方式和赋权比重，直接决定了农民自有资产的属性和规模，直接决定了农民的富裕程度，也必然间接影响农村金融发展的广度和深度——没有土地就没有资产，没有资产就无法得到信贷。

我国从1978年开始逐渐实施农村土地家庭联产承包责任制，使农民得到部分农地产权，实际上刺激了农业生产的快速发展，农民收入不断增加。然而，随着改革不断深入，劳动力城乡流动规模提高，家庭联产承包责任制下农民仅享有部分农村土地产权，一定程度上制约了农村金融的发展，也导致劳动力在城乡之间收入水平出现较大差异，许多农民特别是青壮年农民开始进城务工，而土地转租、减少种植和撂荒现象开始大量出现。在此背景下，进一步改革农地制度，通过更加灵活的土地产权赋予方式，扩大农民土地产权权利，就成为进一步发展的必然选择。

农村土地流转是指农村家庭承包的土地通过合法的形式，只保留承包权，将经营权转让给其他农户或经济组织的行为。2004 年，《国务院关于深化改革严格土地管理的决定》颁布，其中关于“农民集体所有建设用地使用权可以依法流转”的规定强调，“在符合规划前提下，村庄、集镇、建制镇中的农民集体所有建设用地使用权可以依法流转”。2014 年，中共中央办公厅、国务院办公厅联合印发了《关于引导农村土地经营权有序流转发展农业适度规模经营的意见》，要求大力发展土地流转和适度规模经营，五年内完成承包经营权确权。2016 年 12 月，中共中央、国务院发布《关于稳步推进农村集体产权制度改革的意见》，探索农村集体所有制有效实现形式，创新农村集体经济运行机制，保护农民集体资产权益，调动农民发展现代农业和建设社会主义新农村的积极性。构建归属清晰、权能完整、流转顺畅、保护严格的中国特色社会主义农村集体产权制度，维护农村集体经济组织合法权利，多种形式发展集体经济。截至 2016 年底，全国土地流转比例超过 35%，家庭农场、农民专业合作社、农业产业化龙头企业等新型农业经营主体总量达到 280 万个，新型职业农民超过 1 270 万人。

2017 年 10 月 31 日，农村土地承包法修正案草案提请十二届全国人大常委会第三十次会议初次审议。此次土地承包法修正案的主要内容包括农地所有权、承包权、经营权“三权分置”，稳定农村土地承包关系并长久不变，土地经营权入股，维护进城务工和落户农民的土地承包权益等。其中，农村土地所有权、承包权、经营权“三权分置”的安排，在保障基本土地制度不变的前提下，赋予农民更多更灵活的资产权利，有利于金融机构更好地控制涉农信贷风险，面向农村投入更多的金融资源。2014 年 2 月 13 日，中国人民银行发布了《关于做好家庭农场等新型农业经营主体金融服务的指导意见》，推动金融机构通过加快农村金融产品和服务创新、积极拓宽新型农业经营主体抵质押担保物范围等，切实加大对家庭农场等新型农业经营主体的信贷支持力度。

依法稳妥开展“两权”抵押贷款试点。“两权”抵押贷款试点是十八届三中全会确定的重点改革任务，是农村金融制度的重要创新，鼓励金融机构积极配合农村集体产权制度改革，积极探索资源性、经营性农村集体产权抵押担保贷款试点，进一步释放农村资源资产的抵押担保权能。对于盘活农村存量资产、提高农村土地资源利用效率、促进农村经济和农村金融发展具有重要意义。2015 年 8 月，国务院出台了《关于开展农村承包土地的经营权和农民住房财产权抵押贷款试点的指导意见》（国发〔2015〕45 号），正式启动“两权”抵押贷款试点工作。2016 年，人民银行会同相关部委联合出台了《农民住房财产权抵押贷款试点暂行办法》（银发〔2016〕78 号）和《农村承包土地的经营权抵押贷款试点暂行办法》（银发〔2016〕79 号），确立了 232 个农地抵押贷款试点县（市、区）和 59 个农房抵押贷款试点县（市、区），并建立了“两权”抵押贷款专项统计制度。试点以来，人民银行推动试点地区所在的 30 个省级政府全部成立试点工作小组并出台试点实施方案，指导国开行、农业发展银行、各国有商业银行、邮储银行以及900余家地方金融机构建立了专项信贷管理制度，两权抵押贷款试点取得阶段性成果。其影响包括以下几点。一是农村产权流转体系逐步健全。各试点地区积极推动建立农村产权流转体系，探索创新流转交易机制。部分地区借力网络平台，有效整合各类农村产权信息，实现涉农信息的对接共享。二是多层次风险补偿和缓释机制逐步完善。各试点地区通过设立风险补偿基金、成立政府性农业担保公司等方式分担“两权”抵押贷款风险。针对农业经营中固有的自然风险和市场风险，一些地区积极探索“两权”抵押贷款与保险相结合的新思路。三是金融产品创新力度加大。金融机构推出了“两权＋第三方担保”、农村多产权组合抵押、农房小额保证保险贷款等多种信贷产品，满足生产经营主体融资需求。四是抵押物处置机制不断完善。有的试点地区成立了由龙头企业或政府参股的土地收储公司；有的采取“预抵押”方式，在放贷前找好“下家”；有的将产权反抵押给有处置能力的第三方并由第三方担保，解决处置问题。截至2017年末，232个农地抵押贷款试点县贷款余额319亿元，59个农房抵押贷款试点县贷款余额217亿元。

（二）财政出资创建农村融资担保体系

从现实情况看，由于我国农业经营主体积累有限，既缺乏现代商业银行放贷要求的法律意义上规范的抵押品，又缺乏系统的财务记录，同时还面临自然风险、市场风险的双重约束。因而，难以进入商业银行信贷市场，信贷融资长期较为困难。

为此，2015 年中央一号文件提出“鼓励开展‘三农’融资担保业务，大力发展政府支持的‘三农’融资担保和再担保机构，完善银担合作机制”，以缓解“三农”融资难、融资贵问题。经国务院同意，2015 年财政部会同农业部印发了《关于调整完善农业三项补贴政策的指导意见》（财农〔2015〕31 号），从中央财政农资综合补贴资金中调整 20% 的资金，加上种粮大户补贴试点资金和农业“三项补贴”增量资金，统筹用于支持粮食适度规模经营。该项资金主要用于支持各地，尤其是粮食主产省建立农业信贷担保体系，着力解决新型经营主体在粮食适度规模经营中的融资难、融资贵问题。为落实好这项工作，2015 年 7 月，财政部、农业部、银监会印发了《关于财政支持建立农业信贷担保体系的指导意见》（财农〔2015〕121 号），拟用 3 年左右的时间建立健全政策性强、专注现代农业发展、覆盖全国的农业信贷担保体系。2015 年 9 月，农业部印发了《关于加快推进农业信贷担保体系建设工作的通知》（农办财〔2015〕55 号），明确两年内中央财政支持粮食适度规模经营的资金主要用于建立省级农业信贷担保体系，敦促做好省级农业信贷担保机构的组建筹备工作。

全国农业信贷担保体系主要由全国性的农业信贷担保机构（国家农业信贷担保联盟）、省级农业信贷担保机构和市、县级（市、区，以下简称市县）农业信贷担保机构组成。其中，全国和省级农业信贷担保机构以独立公司形式组建，市、县级农业信贷担保机构多以省级农业信贷担保机构的分支机构的形式组建，或以独立公司形式组建。各级农业信贷担保机构通过股权投资、再担保和业务指导等形式，形成紧密可控的省级农业信贷担保体系，以及全国农业信贷担保体系。其中，省级和市县级农业信贷担保机构可直接开展农业信贷担保业务，全国农业信贷担保联盟主要为省级农业信贷担保机构提供政策指导、业务行为规范、再担保、风险救助、人员培训等方面的服务，支持和鼓励地方担保机构适当降低担保费率，不直接开展农业信贷担保业务。全国各级农业信贷担保机构实行市场化运作，财政资金主要通过资本金注入、风险补偿等形式予以支持。经国务院批准，国家农业信贷担保联盟有限责任公司由财政部会同农业部、银监会筹建。2016 年 4 月，国家农业信贷担保联盟有限责任公司第一届股东会第一次会议在北京召开，首期 12 家股东单位，股东包括财政部和全国省级农业信贷担保机构，初始注册资本金 40 多亿元，其中有中央财政 30 亿元，其余由黑龙江、河南、安徽、四川等 11 家首批参股的省级机构出资，该公司拟分 3 年形成约 150 亿元的资本金规模。

建立由财政支持的农业信贷担保体系，既是引导推动金融资本投入农业，解决农业融资难、融资贵问题的重要手段，也是新常态下创新财政支农方式，放大财政支农政策效应，提高财政支农资金使用效率的重要举措，不仅有利于加快转变农业发展方式，促进现代农业发展，而且对于稳增长、促改革、调结构、惠民生具有积极意义。

（三）保费补贴扩大了农业保险覆盖面

在农业保险保费补贴政策方面，自 2007 年以来，财政部按照“政府引导、市场运作、自主自愿、协同推进”的原则，在农户和地方自愿参加的基础上，为投保农户提供一定的保费补贴，引导和支持其参加农业保险，并逐步加大支持力度。目前，补贴品种已由最初的种植业 5 个，扩大至种、养、林三大类 15 个，基本覆盖了关系国计民生和粮食安全的主要大宗农产品；补贴区域已由 6 省区稳步扩大至全国；补贴比例也在逐步提高，并结合区域、险种情况实施了差异化补贴政策，如种植业由 25% 提高至中西部 40%、东部 35%。自 2016 年起，中央财政对产粮大县三大粮食作物农业保险的补贴比例，由目前的中西部 40%、东部 35%，逐步提高至中西部 47.5%、东部 42.5%，对缓解产粮大县财政支出压力、扩大农业保险覆盖面、稳定产粮大县农业生产和农户收入等，具有重要意义。2016 年，中央财政拨付农业保险保费补贴资金 158.30 亿元，同比增长 7.5%，带动全国实现农业保险保费收入 400 多亿元，为超过 2 亿户次农户提供风险保障 2 万多亿元。

我国农业保险发展实行“政府引导、市场运作、自主自愿、协同推进”的原则，即政府通过保费补贴和税收优惠等支持政策，引导农户投保和鼓励保险机构承保。自 2007 年中央财政对农业保险实施保费补贴等政策以来，我国农业保险实现快速发展（农业保险保费补贴情况见表 2.4）。2007 年至 2016 年，我国农业保险保费收入从 51.8 亿元增长到 417.1 亿元，参保农户从 4 981 万户次增长到 2.04 亿户次，分别增长了 7.1 倍和 3.1 倍，承保农作物从 2.3 亿亩增加到 17.2 亿亩，增长了 6.5 倍。

表 2.4　农业保险保费补贴情况

<table>
<tr><th colspan="3">项目</th><th>内容</th></tr>
<tr><td colspan="3">补贴品种</td><td>（一）种植业。玉米、水稻、小麦、棉花、马铃薯、油料作物、糖料作物
（二）养殖业。能繁母猪、奶牛、育肥猪
（三）森林。已基本完成林权制度改革、产权明晰、生产和管理正常的公益林和商品林
（四）其他品种。青稞、牦牛、藏系羊（以下简称藏区品种）、天然橡胶，以及财政部根据党中央、国务院要求确定的其他品种</td></tr>
<tr><td colspan="3">补贴区域</td><td>全国各地自主自愿开展且经财政部确认符合条件</td></tr>
<tr><td rowspan="5">补贴比例</td><td colspan="2">种植业保险</td><td>在省级财政至少补贴 25% 的基础上，中央财政对中西部地区补贴 40%，对东部地区补贴 35%；对纳入补贴范围的新疆生产建设兵团、中央直属垦区、中国储备粮管理总公司、中国农业发展集团有限公司等（以下统称中央单位），中央财政补贴 65%</td></tr>
<tr><td colspan="2">养殖业保险</td><td>在省级及省级以下财政（以下简称地方财政）至少补贴 30% 的基础上，中央财政对中西部地区补贴 50%，对东部地区补贴 40%；对中央单位，中央财政补贴 80%</td></tr>
<tr><td rowspan="2">森林保险</td><td>公益林保险</td><td>在地方财政至少补贴 40% 的基础上，中央财政补贴 50%；对大兴安岭林业集团公司，中央财政补贴 90%</td></tr>
<tr><td>商品林保险</td><td>在省级财政至少补贴 25% 的基础上，中央财政补贴 30%；对大兴安岭林业集团公司，中央财政补贴 55%</td></tr>
<tr><td colspan="2">藏区品种、天然橡胶</td><td>在省级财政至少补贴 25% 的基础上，中央财政补贴 40%；对中央单位，中央财政补贴 65%</td></tr>
</table>

数据来源：《中央财政农业保险保险费补贴管理办法》（财金〔2016〕123 号）。

农业保险开办区域拓展到全国所有省（区、市）。玉米、水稻、小麦三大口粮作物平均承保覆盖率超过 70%。承保农作物品种超过 189 种，基本覆盖农、林、牧、渔各个领域。经营主体从 2007 年的 6 家增加到 31 家，多数省份已有 3 家以上的经办机构，初步形成适度竞争的市场格局。已建成农业保险基层服务网点 36.37 万个，保险协办员 45.55 万人。农业保险服务点乡镇覆盖率达 93%，村级覆盖率达 48%。我国已成为全球第二、亚洲第一的农业保险市场。

目前，农业保险成为农村经济社会发展的“稳定器”和“助推器”。2007 年至 2016 年，农业保险提供风险保障从 1 720 亿元增加至 2.16 万亿元，共计向 2.4 亿户次农户支付赔款 1 544 亿元。2016 年，农业保险的保险金额达 2.16 万亿元，约占农业国民生产总值的 34%。共支付赔款 348 亿元，保险赔款已成为农民灾后恢复生产和灾区重建的重要资金来源。2016 年，中央财政保费补贴约 158.30 亿元，撬动风险保障 2.16 万亿元，杠杆效应近 133 倍。

（四）农村信用体系建设成效明显

近年来，人民银行以农户、家庭农场、农民专业合作社等农村地区生产经营主体为对象，持续推进农村信用体系建设，通过信用建设改善农村金融服务水平，助力精准扶贫和普惠金融发展。2014 年印发《中国人民银行关于加快小微企业和农村信用体系建设的意见》（银发〔2014〕37 号），并在全国确定了32个农村信用体系建设试验区。2015年印发《中国人民银行关于全面推进中小企业和农村信用体系建设的意见》(银发〔2015〕280号),在试点试验的基础上,不断总结经验,持续完善制度与措施,逐步明确了“政府领导、人行推动、多方参与、服务社会”的工作原则,提出了建设“数据库+网络”平台、推进信用评价和信用培育、加强信息服务与应用、构建信用激励约束机制等工作任务,形成了较为完善的制度体系。

人民银行联合各地政府部门、农村基层组织、金融机构、信用评级机构等推进信用户评定和“信用户”“信用村”“信用乡镇”建设,探索开展家庭农场、农民合作社等新型经营主体评价,发现和增进农户等生产经营主体的信用。广西田东、湖南麻阳等地在农户信用评价基础上为贫困户量身定制评价授信标准,实现农村信用体系建设与扶贫信息的有效衔接,推进金融精准扶贫效果显著。截至2016年末,全国累计为1.72亿农户建立信用档案,已有近9 248万农户获得银行贷款,贷款余额2.7万亿元。

三、农村金融机构体系的建设

(一)农村信用社通过改革摆脱财务危机

农村信用社深化产权改革和创新公司治理,在财务可持续基础上创新涉农金融服务。人民银行等部门按照因地制宜、分类指导、防范道德风险、持续正向激励的原则,制定并实施了资金支持政策，对农村信用社（含农村商业银行、农村合作银行，下同）共安排支持资金 1 713 亿元，再加上财政支持和税收优惠，中央政府提供的资金支持共 2 600 多亿元，有效化解了农村信用社的历史包袱，系统性风险大大降低。截至 2017 年末，全国农村信用社实现利润 2 487.8 亿元，比 2016 年增加 146.7 亿元；不良贷款余额为 6 204.3 亿元，不良贷款率为 4.2%，资本充足率为 11.7%；全国共组建以县（市）为单位的统一法人农村信用社 907 家，农村商业银行 1 262 家，农村合作银行 33 家；各项存贷款余额分别为 27.2 万亿元和 15.0 万亿元，占同期全部金融机构各项存贷款余额的比例分别为 16.1% 和 11.9%，其中涉农贷款余额和农户贷款余额分别为 9.0 万亿元和 4.4 万亿元，比上年末分别增长 9.5% 和 11.6%。

（二）新型农村金融组织的改革试点创新

农信社改革在全国范围内全面推开（西藏没有农信社，除外）之后，为引进不同种类的农村金融机构，提升农村金融市场竞争的改革试点逐步铺开。2006 年底，中国银监会调整和放宽了农村地区银行业金融机构准入政策，并在四川、青海、甘肃、内蒙古、吉林、湖北六省试点开放农村金融市场，新的金融组织形式包括村镇银行、贷款公司和资金互助社。截至 2016 年末，全国 1 259 个县（市）核准设立村镇银行，县市覆盖率 67%。已累计为 352 万农户和小微企业发放贷款 580 万笔，累计发放贷款金额达 3 万亿元。

自2014年开始，有关部门按照中央部署，以不对外吸储放贷、不支付固定回报为前提，在管理民主、运行规范、带动力强的农民合作社和供销合作社基础上，批复河北省玉田县、安徽省金寨县、湖南省沅陵县和山东省组织开展农民合作社内部信用合作试点。截至2016年底，河北省玉田县共有试点农民合作社4家，参与信用合作的社员2 606户，信用合作资金总额4 021万元，累计向社员投放资金1.89亿元；安徽省金寨县共有试点农民合作社5家，参与信用合作的社员242户，信用合作资金总额315万元，累计投放资金596万元；湖南省沅陵县试点农民合作社有1家，参与信用合作的社员126户，信用合作资金总额400万元，累计投放资金360多万元；山东省有107个县（市、区）和12个开发区的284家农民合作社取得信用互助业务试点资格，参与社员（包括法人社员）2万余人，累计开展信用合作业务1 743笔、金额6 442.2万元。总体上看，“一省三县”试点在满足社员小额、分散资金需求的同时，培养和提升了社员的信用意识和规则意识，对增加“三农”资金供给，加快构建新型农业经营体系，促进农业生产发展起到了一定作用，同时也为在全国更大范围内组织推广试点积累了宝贵经验。

浙江丽水、福建沙县等农村金融改革试点地区积极开展合作担保机制建设，缓解农户“融资难”问题。基本的做法是，通过村民集资、能人捐资、政府注资等渠道筹资成立村级互助性担保基金，由银行建立专户进行封闭管理，用于为本村村民贷款担保。截至 2016 年末，沙县已有 106 个行政村建立了村级融资担保基金，加入基金农户 2 516 户，基金规模 5 118 万元，累计为 5 681 户的 5.46 亿元贷款提供担保。陕西等地的一些专业合作社也开展了类似的探索。

（三）大型银行服务“三农”的创新

根据安永 2018 年 1 月发布的《普惠金融创新：通过创新性普惠金融发展实现收入增长》，农业为中国的 GDP 做出大约 10% 的贡献，而向农业领域发放的贷款仅占商业银行信贷组合的 1%。目前，通过创新性手段积极探索新型合作金融发展模式，中国银行业可帮助填补农业融资缺口。

大型银行积极探索事业部制改革创新。农业银行积极探索大型商业银行服务“三农”有效模式，“三农”金融事业部改革取得显著成效。截至 2016 年末，中国农业银行涉农贷款余额 2.76 万亿元，较年初增加 2 172 亿元，同比多增 118 亿元，增速 8.57%，比同期该行贷款增速高 1.16 个百分点，连续第六年达到外部监管要求。家庭农场和专业大户贷款余额达 528 亿元，较年初增加 159 亿元；县域城镇化建设贷款余额达 4 000 亿元，较年初增加 634 亿元，同比多增 237 亿元。邮储银行按照 2016 年中央一号文件要求探索建立“三农”金融事业部。截至 2016 年末，中国邮政储蓄银行涉农贷款余额达 9 174.45 亿元，同比增长 22.67%，近 5 年涉农贷款持续较快增长，年复合增长率 37.33%；该行小额贷款累计发放近 1.28 万亿元，笔均金额约 7 万余元，有效解决了近 960 万农户的经营资金短缺困难。

农业银行立足自身资金实力强、机构网点多、经营范围广的优势，积极服务好以农村大企业、大项目、大市场为代表的“大三农”，以新产业、新业态、新主体为中心的“新三农”，以及以特色农业、乡村旅游业、传统手工业为重点的“特色三农”，助推现代农业农村加快发展。农业银行三农金融事业部实行总行、省分行、地市分行“三级督导”，县域支行“一级经营”的事业部管理架构，对全部县域支行实行“六个单独”（单独的资本管理、信贷管理、会计核算、风险拨备与核销、资金平衡、绩效考评）的运行机制，并获得财税优惠、差别化存款准备金率和监管费减免等扶持政策。邮储银行按照“边界清晰、核算准确、权责明确、运转高效”的原则，建立专业化的“三农”贷款审查审批体系，加大力度重点服务农业产业化、农业农村基础设施、新农村建设等领域，做好金融扶贫工作。

农业银行三农金融事业部改革：对考核达标的县事业部执行低 2 个百分点的优惠存款准备金率；县事业部发放的农户贷款、农村企业和农村各类组织贷款取得的利息收入在营改增前减按 3% 的税率征收营业税，营改增后减按 3% 的税率计算缴纳增值税；监管费比照农村信用社的标准免收业务监管费和机构监管费。农业银行统计测算，仅 2015 年，优惠存款准备金率可增加收益 11.24 亿元；分别节省税金和减免监管费 18.16 亿元、1.77 亿元；三项扶持政策合计增加收益 31.17 亿元。截至 2016 年末，农业银行县域贷款余额 3.18 万亿元，较 2010 年末增加 1.67 万亿元，增长了 1.11 倍，较农业银行整体贷款增速高 23.92 个百分点。三农金融事业部累计发放惠农卡 1.94 亿张，在农村地区设立“金穗惠农通”工程服务点 63.0 万个，在县以下布放转账电话、POS（销售终端）机等各类电子机具约 101.2 万台，代理城乡居民养老保险 1 406 个县，代理新农村合作医疗 897 个县，代理涉农财政补贴项目 4 950 个，对行政村的服务覆盖率达 75.1%。

此外，农业银行不断完善“三农”特色金融产品体系，优化农户大小额贷款、专业大户（家庭农场）贷款、农民专业合作社贷款、农村土地经营权抵押贷款、林权抵押贷款、农业产业链农户贷款等产品。围绕“三农”生产新要素，推出了农村土地经营权抵押贷款、农民住房财产权抵押贷款及集体经营性建设用地使用权抵押贷款。围绕“三农”发展新需求，创新了农民安家贷款、水利建设贷款、县域商品流通市场商户抵（质）押贷款、代理农机融资租赁、农机融资租赁保理等。围绕“互联网 +”现代农业，加快“金穗惠农通”工程建设提档升级，全力打造“E 农管家”农村互联网金融服务平台，推出基于大数据技术的“金穗快农贷”。截至 2016 年末，农业银行共推出全行性“三农”特色产品 43 项，因地制宜推出区域性“三农”特色产品 150 项。中国农业银行县城金融业务开展情况如表 2.5 所示。

表 2.5 中国农业银行县域金融业务开展情况

项目	2008 年	2010 年	2012 年	2014 年	2016 年
县域贷款余额（亿元）	8 323	15 053	20 495	26 516	31 775
县域存款余额（亿元）	25 143	36 123	45 525	53 257	64 212
营业利润（亿元）	134	339	624	774	628
县域金融业务不良贷款率（%）	5.51	2.51	1.64	1.83	3.02
累计发放惠农卡（亿张）			1.28	1.61	1.94

数据来源：中国农业银行。

中国邮政储蓄银行三农金融事业部改革。2016 年中央一号文件《中共中央国务院关于落实发展新理念，加快农业现代化实现全面小康目标的若干意见》明确提出“支持中国邮政储蓄银行建立三农金融事业部，打造专业化为农服务体系”。2016 年 9 月 8 日，邮政储蓄银行三农金融事业部诞生，在总行层面对组织架构进行了构建。三农金融事业部下设三农财务管理中心、三农资产负债管理中心、三农人力资源管理中心、信贷管理部、政策与创新部、农业项目部、农业产业部、小额贷款部（扶贫业务部），并逐步在省级分行建立三农事业分部，进一步提升了邮储银行“三农”业务发展战略研究和规划水平，加强了“三农”金融业务专业化能力，以及专业化支农服务体系。2017 年中央一号文件进一步指出，“加快完善邮储银行三农金融事业部运作机制，研究给予相关优惠政策”，邮政储蓄银行三农金融事业部改革加紧推进。截至2017年末，27个省分行一级分部全部挂牌成立。2018年5月，又调整9家分行的三农金融业务管理部门名称和职责。至此，邮储银行全国36家一级分行三农金融业务管理架构搭建完毕，基本建立省、市、县三级全覆盖的三农金融服务组织体系。2016年9月28日，邮政储蓄银行在香港联合交易所有限公司主板上市募集资金，共发行121亿股H股股份，其IPO定价为每股4.76港元，募集资金总额达到566.27亿元，成为2014—2016年全球发行规模最大的新股，增强了邮储银行服务“三农”、小微企业的资本实力。

农业发展银行在22个扶贫重点省份及相关二级分行和支行设立了专门的工作机构，实现了贫困地区政策性金融服务机构全覆盖。总行层面成立了创新部，专门负责该行金融制度和产品创新工作。进一步加大创新力度，支持我国农业现代化建设，积极支持农村土地有序流转和适度规模经营，创新绿色信贷产品，推进投融模式创新，全力服务农业现代化，促进农村第一、第二、第三产业融合。国家开发银行专门成立扶贫金融事业部为贫困地区和贫困人口提供普惠金融服务。

2017年5月，原中国银监会等11部委联合发布了《大中型商业银行设立普惠金融事业部实施方案》（银监发〔2017〕25号），推动大中型商业银行设立普惠金融事业部，以提高大中型商业银行普惠金融服务能力。各商业银行结合自身实际，构建专业化经营机制，发展形成各具特色的差异化普惠金融事业部模式，其中工行、建行、交行搭建了垂直的条线化服务体系，农行建立“三农金融事业部 + 普惠金融事业部”双轮驱动的服务体系，中行与中银富登村镇银行、中银消费金融公司形成了“1+2”的普惠金融服务模式。截至 2018 年末，5 家大型商业银行总行普惠金融事业部全部完成挂牌，一级分行均设立了普惠金融事业部分部。此外，中信银行、光大银行、民生银行、平安银行、兴业银行、浙商银行、渤海银行等 7 家股份制银行也已在总行设立普惠金融事业部。

四、农村支付体系全面推进

根据中国互联网络信息中心（CNNIC）发布的《中国互联网络发展状况统计报告》，截至 2017 年 12 月，我国网民线下消费的手机支付比例由 2016 年底的 50.3% 提升至 65.5%，农村地区网民线下支付比例由 2016 年底的 31.7% 提升至 47.1%，移动支付加速向农村地区网民渗透，互联网理财用户规模增长明显。

2015 年以来，人民银行以落实《关于全面推进深化农村支付服务环境建设的指导意见》（银发〔2014〕235 号）为核心，健全完善“政府支持、人民银行牵头、相关部门参与、商业机构实施”的工作机制，继续在农村地区推广结算账户、支付工具、支付清算网络，深化助农取款服务，持续改善农村支付服务环境。

一是加速支付清算网络在农村的覆盖。截至 2017 年末，农村地区接入人民银行支付系统的银行网点 9.49 万个，代理银行网点 2.72 万个，合计 12.21 万个，覆盖比率为 96.83%，覆盖率较上年提升 3.37 个百分点。全国共有超过 8 万个农村地区银行营业网点可以办理农民工银行卡特色服务受理方业务。为深化助农取款服务，督促农业银行、邮储银行、农信社等主要收单机构在风险可控、确有需求的情况下，遴选业务办理规范的服务点开通现金汇款、转账汇款、代理缴费业务，依托助农取款服务网络所聚集的商户资源、资金结算流水，推出 POS 流水贷、零钞兑换等服务。助农取款服务行政村全覆盖保持稳定，结构不断优化，支付业务出现下滑迹象。2017 年末，农村地区拥有助农取款服务点 91.4 万个（其中，加载电商功能的 13.98 万个），覆盖村级行政区 51.56 万个，村级行政区覆盖率达 97.34%，村均拥有量为 1.73 个；农村地区助农取款服务点共办理支付业务（包括取款、汇款、代理缴费）合计 4.51 亿笔、金额 3 651.92 亿元，同比分别下降 8.89% 和 14.03%。

二是推动各类创新应用。依托农村养老、医疗、财政补贴、公用事业等代理项目按需发卡，大力推动“一卡多用、一卡通用”。重点面向农村大户、能人等具有一定经济偿还能力的人发行信用卡或准贷记卡，解决其短期资金周转困难。推动发行单位结算卡，促进小微企业、涉农主体的非现金支付。逐步以金融 IC 卡（集成电路卡）取代磁条卡，提高银行卡账户的安全水平。银行结算账户开户数量稳步增长。截至 2017 年末，农村地区累计开立单位银行结算账户 1 966.51 万户，农村地区个人银行结算账户 39.66 亿户，农村地区银行卡数量余额 28.81 亿张，人均持卡量为 2.97 张，基本实现了人人有卡、家家有账户、补贴能到户。各商业机构积极探索、大胆创新，研发出了很多支付服务创新产品，如一些地方成功推出的“福农通”“联银快付”等农产品收购支付产品，实现了卖粮农民的实时收款，较好地满足了田间地头农产品收购的移动、实时、安全、成本低廉的支付需求。四川凉山试点推出的“银讯通”平台不仅可为广大农村居民提供新农保、新农合、涉农补贴资金代理发放服务，水电气、通信、视讯等公用事业缴费服务，烟草、蚕桑等产业链资金兑付服务，还可以加载基金、保险、理财、贵金属、贷款催收、金融知识普及等金融服务。通过创建“刷卡无障碍示范区”，在农村批发市场、农产品收购产业链、农村小超市等大力布设 POS 机具，不断推动扩大农村 POS 机具网络。

三是推动地方政府及有关部门出台扶持政策。一些地方政府通过资金补贴的形式，对设置助农取款服务点、布放 ATM（自动取款机），甚至设置银行营业网点等农村支付服务环境建设工作给予支持；一些地方政府通过给予经营场地、纳入公安监控等方式给予支持；一些地方政府将农村支付服务环境建设纳入政府工作考核内容。

四是电子银行支付出现明显分化。手机银行高速增长，网银支付持平，电话银行支付业务明显萎缩。截至 2017 年末，农村地区网上银行开通数累计 5.31 亿户，较上年新增 1.02 亿户，增幅 23.78%。2017 年发生网银支付业务笔数 94.69 亿笔，金额 152.73 万亿元，交易金额较上年有小幅增长。手机银行开通数累计 5.17 亿户，较上年新增 1.44 亿户，增长 38.61%；发生手机银行支付业务数量 91.10 亿笔，金额 38.89 万亿元，分别增长 79.12%、66.2%。电话银行开通数累计 1.9 亿户，较上年减少 0.25 亿户，下降 11.63%；发生电话银行支付业务数量 9 788.24 万笔，金额 1 214.71 亿元，同比分别下降 46.22%、55.37%。

五是推动农村支付方式改革，促进农村电商发展。2015 年以来，人民银行积极参与促进农村电子商务发展的政策制定，明确提出鼓励村级电子商务服务点、助农取款服务点互相依托，加强协作以实现优势互补、资源整合，提高效率，支持银行业金融机构和支付机构研发适合农村特点的网上支付、手机支付等。如农业银行在湖北省试点推出“E 农管家”电商平台。浙江农信社推出以“丰收驿站”“丰收 e 站”“丰收小站”等为主载体的金融电商服务平台。山西辖内农村金融服务站与“乐村淘”“美淘村”“京东”等各类电商合作，成为农村电商“体验店”。许多地方非银行支付机构围绕“淘宝村”或者地方性农村电商平台，加快网络支付在农村的推广。2017 年，银行业金融机构为农村地区电子商务共提供收款服务 4.60 亿笔，金额 5 543.13 亿元。非银行支付机构为农村地区网络商户提供收款 2.77 亿笔，金额 1 791.68 亿元，单笔金额 646.82 元。

五、金融市场服务“三农”取得新进展

（一）期货市场提升服务农业实体经济质量

一是丰富农产品期货期权品种体系，完善品种合约制度。证

监会注重推动大宗农产品期货的开发上市，截至2018年9月底，共上市24个农产品期货期权品种，覆盖了粮、棉、油、糖、林木、禽蛋等主要农产品领域，在稳定农业生产、助推农业现代化建设和促进农产品价格形成机制改革等方面发挥了积极作用。其中，2017年12月批准郑州商品交易所上市的苹果期货，打通了金融扶贫的新通道。二是稳步扩大“保险＋期货”试点项目，有序推进县域全覆盖试点扩面工作。2017年，上海、郑州、大连三家交易所投入1.11亿元支持“保险＋期货”试点项目75个，涵盖黑龙江、新疆、云南等12个省（自治区、直辖市），惠及11.86万户农户和211个合作社，覆盖面积262.70万亩，涉及现货规模88.55万吨。2018年以来，交易所支持“保险＋期货”试点项目增至157个，较2017年再翻一番，同时首次选取6个县开展“保险＋期货”县域全覆盖试点，涉及玉米、大豆、白糖和天然橡胶4个品种，含国家级贫困县5个，承保面积221.9万亩，覆盖现货规模48.5万吨。三是加强对农业新型经营主体等的培训，积极推动基差贸易等模式发展，促进小农户与现代农业有机衔接。2017年以来，三大期货交易所开展农业企业相关培训近千场，培训6万余人次。同时，引导鼓励贸易商、加工企业等龙头企业在农产品购销过程中推广以期货价格为基准的基差贸易模式，发展“订单农业”，管理农产品价格波动风险，化解农民卖粮难问题，促进小农户与现代农业有机衔接。

（二）资本市场拓宽“三农”融资渠道

一是依托公司上市、债券融资、结对帮扶等多种模式，形成多层次、多渠道、多方位的精准扶贫格局。在贫困地区公司上市方面，2017 年 12 月，人民银行、财政部、银监会、保监会联合印发《关于金融支持深度贫困地区脱贫攻坚的意见》，充分发挥资本市场作用，支持贫困地区通过“绿色通道”发行上市。截至 2018 年 10 月底，12 家贫困县企业通过绿色通道发行上市，募集资金共计 69 亿元。在债券市场扶贫方面，对注册在贫困地区符合条件的企业发行公司债券和资产支持证券，实行“专人对接、专人专审、即报即审”。截至 2018 年 9 月底，扶贫公司债券发行 47 只，金额 235 亿元；扶贫资产支持证券发行 14 只，金额 90 亿元。在结对帮扶方面，中国证券业协会发起“一司一县”结对帮扶贫困县行动倡议，得到全行业积极响应。98 家证券公司结对帮扶 256 个国家级贫困县，其中 70 家证券公司增至“一司多县”。中国期货业协会引导和倡议期货经营机构通过结对帮扶等形式，开展“一司一产、‘长’‘期’携手”精准帮扶活动。有 87 家期货经营机构与 98 个国家级贫困县签署了 135 份结对帮扶协议，帮助 3 676 个贫困户中的 8 092 人实现脱贫。

二是依托新三板、私募基金等途径，有效拓宽“三农”与中小微企业的融资渠道。新三板挂牌的涉农企业共 431 家。2018 年上半年，共 38 家涉农企业通过发行股票实现融资 22.26 亿元。此外，在基金业协会备案的存续私募基金中，在投项目涉及农、牧、渔业的私募基金 1 282 只，基金规模 4 384.37 亿元；在投项目数量

1 499 个，在投本金 733.96 亿元。

（三）保险市场逐步构建多层次农业保险体系

首先，我国已经基本形成了以政策性保险为基础，商业性保险和互助性保险为补充的农业保险体系。33 家开展农业保险的保险机构中，既有综合性保险公司，又有专业性农业保险公司、相互制保险公司和农业互助合作保险组织。农业保险已覆盖所有省（自治区、直辖市），多数省份均有 3 家以上的经营主体，初步形成适度竞争的市场体系。农业保险服务网点乡镇覆盖率达 95%，村级覆盖率超过 50%。我国已经成为全球第二、亚洲第一的农业保险市场。

其次，农业保险承保农作物品种接近 220 种，既有传统的成本保险，又有价格保险、指数保险、收入保险、“保险 + 期货”等创新型产品，基本涵盖了农林牧渔各个领域。2017 年，农业保险承保主要农作物 21 亿亩，约占全国播种面积的 84.1%。参保农户 2.13 亿户次，同比增长 4.6%；实现保费收入 477.7 亿元，同比增长 14.5%；提供风险保障 2.8 万亿元，同比增长 29.2%，较保费增速高出 15 个百分点。农业保险简单赔付率 77%，继 2016 年之后，农业保险赔款继续超过各级财政补贴总额。福建等 3 个省简单赔付率超过 100%，最高的内蒙古达 141%。在夏秋季长江中下游地区强降水、两广“天鸽”台风等极端天气气候事件中，农业保险赔款成为灾后重建的重要资金来源。

第三章　当前农村金融市场和政策框架存在的问题

虽然2003年以来的农村金融改革发展进展良好，整体上达到了各项政策正向激励农村金融机构加大投入的效果，但农村金融仍然是我国金融体系的薄弱环节。对照推进农村供给侧结构性改革这一政策主线的要求，农村金融供需矛盾依然突出，农村金融机构的市场化程度依然不足，一定程度上已经形成了对优惠政策的依赖性，缺乏内生动力。在大量投入的背景下，资金等要素从农村流向城市的趋势依然明显，其内在矛盾从“量小价高、覆盖面不足”变得更为复杂，改革创新的任务艰巨。

从国际视野看，农村信贷市场主要是四种方式。一是针对消费金融和小额贷款的微型金融。二是不动产抵押贷款。土地产权私有的国家，很多都利用农村土地抵押贷款。我国在现有农村集体产权制度基础上也试点了“两权”抵押。三是针对农村经营主体的现金流提供应收账款或存款等商业金融服务。其中围绕农村产业链或供应链的融资也称为涉农供应链金融。四是融资租赁。发达国家大型农业设备都是通过这一金融服务方式获取的。由于我国互联网金融发展较快，针对消费金融和小额贷款的微型金融相对而言发展较好，但针对中小企业的商业金融服务发展落后。究其原因，一方面一些与动产抵押、仓单融资相关的基础设施发展不够，另一方面金融机构的信贷技术和理念未转变，不能根据中小企业的现金流设计相关金融产品。

一、农村金融市场仍不适应农村金融需求的发展

（一）农村金融机构公司治理普遍缺位

始于 2003 年的深化农村信用社改革试点既是我国金融改革的一个里程碑，也是为改变我国过去 20 多年金融改革发展与实体经济改革发展严重错位的一次重要尝试。改制和改革方式转变的主要目的是：鼓励适应当地经济发展需要的改革创新，建立一个可以满足不同地区、不同行业和不同层次金融需求的多样化的现代农村金融体系。从改革实践看农村金融“存量”（已有的农村金融机构）改革未在公司治理方面取得实质性进展，“增量改革”（新型农村金融机构）与“存量改革”大同小异。可以说，现在农村金融体系是依靠高成本、高增长维持的金融服务，竞争显著不充分，金融抑制仍然严重。

农村金融交易成本高、抵押品缺乏、风险高。因此，农村金融必须采取不同于城市金融的经营方式。创新是农村金融机构可持续发展的关键，而好的治理结构是创新的基础。目前，农村金融机构治理结构不完善，是其亏损的根本原因。能否建立治理结构完善的农村金融组织，是农村金融市场健康发展的关键指标。

（二）对新型非审慎监管的农村金融机构重视不够

作为多层次农村金融服务体系的组成部分，小额贷款公司、融资性担保公司、贫困村资金互助社、融资租赁公司、新型合作金融组织等，实际是正规金融机构的有效补充。但由于监管规则模糊不清，出于对现有监管体制的迁就，对这类机构往往还停留在机构属性等无谓争论上，政策支持难以覆盖，加之自身能力建设不足等原因，此类机构往往被简单地视为金融风险的来源和隐患，加剧了农村金融竞争性供给的不足。此外，近年来以互联网金融发展为代表的新型数字金融发展较快，对农村金融发展发挥了积极作用，但也存在良莠不齐、市场秩序混乱等问题，需要进一步规范。

（三）农村金融市场缺乏专门的风险控制技术

农村金融服务风险定价机制不健全。由于农村金融市场对客户信用评级以及对贷款项目的风险分类起步较晚，分类标准也不完全统一，因而可用于量化和分析贷款风险的基础数据严重不足，对风险进行精确量化和精细化定价也就很难实现。以贷款为例，目前，多数农村金融机构贷款利率采取的是基础利率加上一定的浮动点数，但是上浮幅度则主要依靠银行客户经理的经验判断，随意性比较大，忽视了不同行业、不同客户的差异，缺乏差别化的定价策略，很难充分反映借款人及借款项目的真正风险，也无法得出完全市场化的贷款利率。

此外，虽然大型银行被要求下放权限，但基层分支机构和县域法人机构实际上的产品创新权和贷款审批权仍严重不足。同时，“提高不良贷款比例容忍度”和“尽职免责”等政策难以真正落实到基层机构网点。农村金融市场仍主要沿用对工商行业、企业评级，接受厂房、土地、生产设备等作为抵押品并进行评估等做法。这些做法很难适应农业、农村、农民的实际情况，造成农村信贷市场风险控制措施严重不足。

解决涉农和小微企业贷款难问题需要鼓励金融创新，建立有效监管的金融体系。从全球经验看，要为涉农中小企业提供更好的金融服务，需要多一些掌握专门技术的中小金融机构，以及专门针对涉农和小微企业特点的信贷模式和信贷产品的创新。在创新中，要转换经营思想，建立以客户为中心的服务理念，提升定价技术，落实差别化定价策略。

二、政策的精准度有待改进

（一）农村金融服务仍然主要关注总量增长

农业农村经济已经从传统农业的小农分散生产，逐渐转向现代化、新型城镇化背景下农业的规模化、集约化生产，包括农产品加工流通、农机农资生产销售、农业科技研发推广等各个环节，覆盖整个产业链和价值链，体现为第一、第二、第三产业融合发展。现代农业的资本密集度和产业规模化水平明显上升，已不再仅仅是“小额、短期、分散”的周转式资金需求，同样需要“长期、大额、集中”的综合化金融服务。近年来，金融机构积极进行了多种创新尝试，但总体来看，供给与需求的精准匹配和契合度还不够，农村金融服务仍主要关注总量增长，尚未实现“精准滴灌”。

具体表现如下。一是政府部门和金融机构通常更重视涉农贷款总量和增长速度等指标，对贷款的具体投向、使用效益、结构是否合理等关注不足。在一定程度上造成涉农贷款总量持续多年增长，而需求方的获得感不强，满意度不高。二是银行、证券、保险、期货服务发展不均衡，农村金融综合化服务水平有待提高。现代农业对金融服务的需求，从单一的融资需求，转向农产品定价、风险管理、资本化经营等多种需求并存，针对农产品市场风险管理的金融服务明显不足。三是缺乏量化指标与考核办法，农村金融统计跟不上“三农”发展新形势。随着城镇化的快速发展，“三农”的概念发生了很大变化，农业、农村、农民的概念都有多种理解视角，这导致了农村金融界定的困难和统计上的诸多问题，也给政策制定的针对性带来了挑战。

（二）支持政策和发展目标之间的激励相容不够

“三农”作为市场机制容易失灵的领域，需要公共政策介入，不断提升金融服务的覆盖面和服务能力，不断完善金融基础设施建设，并逐步从解决金融体系供给侧总量短缺问题，转向优化结构和提升质量。

目前在政策扶持领域，需要改进的方面是如何提高金融机构执行政策目标的内生激励。近年来，在中央部署下，财税、金融、监管部门出台了一系列扶持优惠政策，对解决农村金融“成本高、风险大”难题发挥了积极作用。但公共政策措施存在政策预期不确定、程序复杂、部门之间政策缺乏协调等问题，导致资金投入负担不断增大，但激励效果减弱。例如：部分财税政策易被指违背反补贴规则或有违市场公平；监管政策有违市场公平，不利于投资者权益保护，存在道德风险。政府各部门之间、上下级政府之间也存在监管与发展职能错位的问题。货币政策工具如果过于碎片化，就可能与其总量调控政策的基本属性冲突。事实上，无论是商业性金融机构还是政策性金融机构，都首先需要实现自身的可持续发展，特别是财务可持续。如果对金融机构投放涉农贷款比例、存贷比等指标加以硬性约束，但又缺乏针对性的激励，效果就可能大打折扣，甚至反而逼迫金融机构最终撤离县域。这也很容易出现道德风险，危及金融机构财务健康，长期看并不一定真正利于服务“三农”。

三、农村金融的市场化水平仍需提高

金融机构自身能力不足，不少金融机构的市场化转轨尚未完成。农村信用社等涉农金融机构的现代公司治理机制存在明显缺陷。资本市场在支农方面发挥的融资和风险管理功能都还远远不够。农业保险起步晚、底子薄，保障水平低，保险机构服务能力和管控能力有待进一步提升。

支撑金融发展的基础设施尚需完善，关键领域改革协调力度需要加大。体现在农村各类产权确认、登记、评估、抵押、流转机制等尚未完全建立，动产抵押等创新严重缺乏，一些已经行之有效的做法尚未制度化、规范化。

农村金融领域存在的监管空白相对更为严重。一些机构借农村金融、普惠金融之名，行影子银行甚至非法金融之实。一些地方和领域的金融秩序及监管亟待加强。金融消费者合法权益的保护力度还不够等。

（一）县以下金融服务竞争不够充分

经过多年的改革创新和政策支持，农村金融体系不断健全，农村信用社、村镇银行、小额贷款公司等新兴农村金融组织数量不断增加，改革力度不断加大。直观上看，数量的增加使县域银行市场的集中程度逐步弱化，竞争水平有所提升，城乡居民金融服务的覆盖面和可得性应该进一步增强。

由于我国对农村地区银行业金融机构准入有着较为严格的管制要求，截至 2016 年末，全国金融机构空白乡镇仍然还有 1 296 个，部分省份仍未实现乡镇金融机构和乡镇基础金融服务双覆盖，一些县域银行产品和服务集中现象依旧突出。以河南省开封市辖内“四县一区”为例，虽然开封市辖内所有乡镇均设立了金融机构，可以为居民家庭提供基础金融产品和服务，但 2017 年，“四县一区”5 家农商行的贷款余额和存款余额分别占五个县区 40 家银行机构总贷款余额和总存款余额的 45% 和 41.4%，“一家独大”的现象明显，这不利于银行之间的竞争。

事实上，在很多地区县以下往往只有农信社一家金融机构。

（二）利率市场化改革不够深入

实行市场化的调控方式，让市场在资源配置中起到有效作用，一直是我国坚持的改革趋势。对利率市场化改革，我国以渐进式推进，并在2015年10月宣布，对商业银行和农村合作金融机构等不再设置存款利率浮动上限。这表明我国已经基本实现利率市场化。理论上讲，利率市场化改革赋予商业银行市场化的资金价格决定机制和新的利率变动模式，从而对农村金融机构的外部经营环境和内部管理模式产生重要影响，冲击农村金融机构传统的经营机制和盈利模式，促使其加大产品和服务创新力度，加剧商业银行之间的竞争态势。

但在实际的农村金融市场中，利率市场化改革并不深入，商业银行的产品和服务欠缺创新动力，现有金融市场上的产品和服务仍然存在不同程度的“同质化”，无法满足农村金融需求的差异化特征，难以有效提升金融市场的竞争水平。

四、在互联网金融领域对消费者和投资者保护不足

从我国金融监管的布局看，在“一行二会”体制下，金融消费者和投资者权益得到了较好的保护。但是随着金融科技的发展，互联网技术在金融领域的应用越来越广，农村金融消费者和投资者的权益明显不足。农村的金融消费者和投资者往往金融

素养不高，既不熟悉相关技术，也不了解如何防范金融产品和服务存在的相关风险。当权益被侵害时，多数消费者和投资者缺乏保留证据和维权的意识，也不熟悉仲裁、诉讼等维权途径。从监管层面看，线上业务产生的各类数据既很难作为监管信息来源，又缺乏法律效力，更不能发挥数据便于实时、大规模采集和分析的优势。分业分段式监管难以适应互联网金融行业跨界混业经营、贯穿多层次市场体系的业务特征，现有的金融监管体系无法有效监管互联网金融产品和服务。

第四章　乡村振兴引领农村金融新需求

近年来，我国持续加大强农惠农富农政策力度，扎实推进农业现代化和新农村建设，农业农村发展取得了重要进展。随着城镇化发展、土地制度改革、农村产业变迁、互联网电商平台的发展，农村经济社会结构变化已经引起农村金融服务需求发生极大变化。党的十九大首次明确提出实施乡村振兴战略，作为未来我国"三农"工作的总抓手。乡村振兴战略以城乡融合发展为目标，不只着眼于农村经济建设，还要促进农村政治建设、文化建设、社会建设、生态文明建设和党的建设，使农业农村现代化与整个国家现代化保持同步。这为金融改革创新助力乡村振兴指明了方向，提出了更高要求。

乡村振兴战略下，农村金融需求从单打一的小额、短期信用贷款，向包括农业保险、融资担保、融资租赁、直接融资、理财服务在内的多元化需求转型。同时，伴随智能手机终端和移动银行的发展，农村金融基础设施的不断完善，以及数字征信和支付手段的便利化，农村金融服务供给曲线向下大幅移动，农村金融服务供给成本（风险）显著下降。乡村振兴多元化的农村金融需求呼唤多元化的农村金融服务。

一、实施乡村振兴战略离不开金融支持

2018年，中共中央、国务院印发了《乡村振兴战略规划（2018—2022年）》，提出实施乡村振兴战略。乡村振兴战略是未来促进我国农业农村现代化的总战略，也是未来我国“三农”工作的总抓手。按照产业兴旺、生态宜居、乡风文明、治理有效、生活富裕的总要求，建立健全城乡融合发展体制机制和政策体系，统筹推进农村经济建设、政治建设、文化建设、社会建设、生态文明建设和党的建设。通过推进农业供给侧结构性改革，培育新型农业经营主体，加快发展农业现代化，促进第一、第二、第三产业有效融合。最终解决城乡发展不平衡、农村发展不充分问题，使农业农村现代化与整个国家现代化保持同步。

《中共中央国务院关于实施乡村振兴战略的意见》明确要求“健全适合农业农村特点的农村金融体系，把更多金融资源配置到农村经济社会发展的重点领域和薄弱环节，更好满足乡村振兴多样化金融需求”。在乡村振兴战略实施过程中，要重塑城乡关系，走城乡融合发展之路，离不开农民、土地和资金三大要素供给。农村基础设施建设的提档升级，农村教育事业的发展，农村劳动力转移就业和农民增收的实现，农村社会保障体系建设的加强，健康乡村建设的推进，农村人居环境的持续改善，以及全民覆盖、普惠共享、城乡一体的基本公共服务体系的逐步健全，无不需要金融提供资金支持。此外，农业生产规模化、现代化以及产业化程度逐年提高，也会大大提升对资金的需求。

因此，乡村振兴战略的实施，离不开金融系统的支持。乡村振兴战略既是金融支持农业供给侧结构性改革的重要内容，也为金融创新支农产品和服务方式指明了方向，提出了更高要求。

二、农村产业结构变化将引发金融服务结构性升级

实施乡村振兴战略以推进农村供给侧结构性改革为主线，内涵上以产业兴旺为重点。要在确保国家粮食安全的基础上，通过体制改革和机制创新，坚持“质量兴农、效益优先、绿色导向”，引导和推动更多资本、技术、人才等要素向农业农村流动，调动广大农民的积极性、创造性，增加农民收入，做大做强高效绿色种养业、农产品加工流通业、休闲农业和乡村旅游业、乡村服务业、乡土特色产业、乡村信息产业。构建现代农业产业体系、生产体系和经营体系“三大支柱”，促进农村第一、第二、第三产业融合发展，使农业农村发展由过度依赖资源消耗、主要满足“量”的需求，向优化产业结构、追求绿色生态可持续、更加注重满足“质”的需求转变。

（一）农村产业结构调整为农村金融需求引领新方向

当前农村产业已从第一产业为主逐渐向第二产业、第三产业发展。2015 年底，国务院办公厅《关于推进农村一二三产业融合发展的指导意见》（国办发〔2015〕93 号）提出，“创新政府涉农资金使用和管理方式，研究通过政府和社会资本合作、

设立基金、贷款贴息等方式，带动社会资本投向农村产业融合领域”。2017年中央一号文件提出“以体制改革和机制创新为根本途径，优化农业产业体系、生产体系、经营体系”，推动第一、第二、第三产业融合发展是农村产业发展大趋势。党的十八大以来，中央积极培育农业农村发展新动能，大力推动第一、第二、第三产业融合发展，农村新产业新业态新商业模式快速发展，农业产业链条延伸，生产、加工、冷链物流、销售一体化发展。农业与旅游、教育、文化、养老等产业深度融合，生态农业、观光农业、创意农业等不断发展，多种形式的农家乐、休闲农庄、特色民宿等农业新业态快速涌现，采摘、垂钓、餐饮住宿、农事体验等新型农业经营活动方兴未艾。今后一个时期，多元化农村产业融合主体可望获得进一步快速发展。一是要通过农业产业结构调整、产业链延伸、农业新功能开发等发展多类型产业融合方式；二是在发挥合作社、家庭农场基础作用和龙头企业的引领示范作用基础上，发展行业协会和产业发展联盟，鼓励社会资本投入，培育多元化农村产业融合主体；三是通过股份合作、订单合同等形式，鼓励龙头企业与农户之间构建收益共享、风险共担的利益共同体，创新产业链和利益联结模式。

公司化经营的农村各类龙头企业销售收入9万多亿元，提供的农产品及加工制品占农产品市场供应量的1/3，占主要城市“菜篮子”产品供给的2/3以上，涌现出了中粮、新希望、温氏等一批年销售收入超百亿元的大型龙头企业。

下一步，农业产品结构、产业结构和布局结构将进一步优化，构建第一、第二、第三产业融合发展体系。质量兴农、品牌强农，增加绿色优质农产品将放在更突出位置，全面提升农产品质量安全水平。以农产品加工业和农村“双创”为重点，促进第一、第二、第三产业融合发展，发展特色产业、休闲农业、乡村旅游、农村电商等新产业新业态，延长产业链，提升价值链。

农村产业变迁带来了新的金融服务需求，也对农村金融服务提出了更高的要求。由于农村经营模式主要分为三层：规模经营的设施农业、标准农业，以家庭农场为代表的实现一定规模化的新型农业经营主体，传统的小农生产方式。因此，简单地把“三农”作为一类服务对象，要求所有的金融机构为“三农”提供同样的金融服务并不可取，应根据需求主体分层提供相应金融服务。对于公司化和规模化的新型农业经营主体，农村金融机构要丰富金融产品、改善金融服务、提高资产质量；对于传统的小农户，金融服务风险大、成本高，要采取多种政策设计降低风险和成本，比如政策性金融机构要成为资金批发的机构和小型金融机构结成合作关系。同时，利用金融科技的优势降低农村金融平均成本和风险水平，降低由于信息不对称以及距离远带来的交易成本；加大贴息力度，加强信用体系建设，支持农民之间的信用互保，强化消费者权益保护。

（二）新型农业经营主体成为农村金融更成熟的客户

符合中国国情的农业现代化，是通过多种形式发展适度规模经营，实现小农户和现代农业发展的有机衔接，健全利益联结机制，让小农户通过多种途径和方式进入规模经营、现代生产，分享农业现代化成果。当前，农村新型经营主体呈现以下新特征。

一是以种养大户和家庭农场作为规模经营的基本模式。截至 2016 年 12 月末，我国经营面积 50 亩以上的农户达到 356 万户。同时，家庭农场达 87.7 万个，经营耕地 1.76 亿亩，占承包耕地面积的 13.4%。其中，从事种植业的占 46.7%，养殖业的占 45.5%，种养结合的占 6%。其中，经农业部门认定的达到 41.4 万户，平均每个种植业家庭农场经营耕地 170 多亩。据农业部对全国 3 000 多户家庭农场生产经营情况的典型监测，家庭农场的年均纯收入达到 25 万元左右，劳均纯收入近 8 万元，高于普通农户收入。根据农业部公布的数据，人多地少是我国的基本国情，虽然当前我国农村劳动力转移就业人数已占一半以上，多种形式适度规模经营快速发展，但务农劳动力仍然数量庞大，经营耕地规模 10 亩以下的农户数仍然超过 2.29 亿户，短时间难以根本改变。

二是农民合作社作为集生产主体和服务主体为一身，融普通农户和新型主体于一体的组织，开始发挥联系农民、服务自我的独特功能。在农业供给侧结构性改革中，农民合作社自身既能根据市场需求做出有效响应，也能发挥传导市场信息、统一组织生产、运用新型科技的载体作用，把分散的农户组织起来开展生产，还能让农户享受到低成本、便利化的自我服务，有效弥补了分散农户经营能力的不足。截至 2017 年 7 月末，农民合作社达 193 万家，入社成员超过 1 亿户，占全国农户总数的 46.8%。据统计，全国 297 个国家级贫困县中约有 744 家国家级示范合作社，带动成员 22.8 万户，入社农户比普通农户增收 20% 以上。截至 2016 年底，合作社共流转了 9 737 万亩耕地，吸引农户 1 560 万亩耕地入股，统一经营面积超过 1.1 亿亩，占承包耕地面积的 8.4%。为成员提供产加销一体化服务的合作社占总数的 52.9%。

三是龙头企业和各类农业企业逐步在高端农产品生产方面具备显著的引导示范效应，不仅自身能够生产中高端农产品，也能带动普通农户和其他新型经营主体有效对接市场。截至 2017 年末，全国各类农业产业化经营组织达到 41 万个，龙头企业达 13 万家，辐射带动全国 1.2 亿农户发展农业生产，户均年增收 3 300 多元。有近九成的国家重点龙头企业建有专门的研发中心。省级以上龙头企业中，来自订单和自建基地的采购额占农产品原料采购总额的 2/3，获得省级以上名牌产品和著名商标的产品超过 50%，不断向农业产业价值链的高端跃升。

另外，社会化服务组织超过 115 万家，在土地托管、测土配方施肥、统防统治、代耕代收等方面发挥了重要作用。各个电子商务平台和自媒体上的农产品电商、生态农场等新农民数量已达到 200 万。根据农业部经管司组织的问卷调查，74.8% 的新农民有自己的品牌，68.4% 的新农民在生产中运用了互联网技术，88.2% 的新农民通过互联网销售农产品，35.9% 的新农民通过与农民、家庭农场等合作获得稳定的产品来源。

（三）电商平台等农业产销新形式有利于农村信贷投放

以往农村的消费模式主要依托于传统的线下消费，农民购买生产性资料、生活资料的可选择范围较窄，需求难以得到满足。近年来，随着电子商务的发展，网络消费模式不断改进，降低了商品集散的规模等级和门槛，降低了仓储成本，提高了流通效率，不仅改变了农村地区由于人口密度低、人员数量有限导致的零售业发展不足的局面，也大大推动了农村商品走出去。

在此背景下，各种“金融机构 + 农户 + 电商平台”的合作模式不断涌现，农村金融服务需求和新的业务形式必然有利于涉农信贷资金投入的不断加大。一是形成了一批“生产商 + 批发商 + 农家店 + 农户”的数字平台，打通了工业品下乡、农产品进城的“最后一公里”，农村小额贷款业务由劳动密集型向科技密集型转变，实现了自动授信和自动审批的全流程线上化操作，极大地简化了客户申请使用贷款的流程，集电商、金融、消费、结算于一体的新型农村金融生态圈正在形成。二是农村支付促进农村电商发展。伴随着农村支付平台的推广，“线上支付 + 线上交易 + 线下取货”模式基本形成。《阿里农产品电子商务白皮书》显示，2016 年阿里巴巴平台农产品交易额超过 1 000 亿元，同比增速超过 40%。此外，通过农产品网络直播、社群化互动、内容营销等创新的线上营销方式，极大地提升了农产品电商的影响力，提升了消费体验。如 2016 年第二届“象山 – 海鲜之都”网络美食文化节期间，线上直播活动观看人数超过 50 万，促成线上交易达 200 万元。

（四）新型城镇化改变农村金融的需求结构

2014 年，中共中央、国务院印发《国家新型城镇化规划（2014—2020 年）》，从政策层面解决了打通城乡流通渠道的问题，提出新型城镇化发展道路。新型城镇化的建设要求以人为本、量力而行、积极稳妥，进一步消化已经转换用途的土地来实现有限的数量扩张，加大力度提升工业化和城镇化的品质，保障随迁子女平等享有受教育权利，完善公共就业创业服务体系，扩大社会保障覆盖面，改善基本医疗卫生条件，拓宽住房保障渠道。2016 年 2 月国务院印发了《关于深入推进新型城镇化建设的若干意见》（国发〔2016〕8 号），从如何推进农业转移人口市民化、提升城市功能、促进新农村建设、培育中小城市和特色小城镇、完善土地利用机制以及创新投融资机制等若干方面给出了更为翔实而具体的建议。根据国家统计局公布的数据，2017 年末我国常住人口城镇化率已从 1978 年的 17.9% 增长到 58.52%，距离发达国家 80% 左右的平均水平还有很大距离。根据国家统计局初步测算，城镇化率每提高 1 个百分点，拉动消费增长近 2 个百分点。[①] 京津冀、长三角、珠三角三大城市群具备相当实力，中西部地区和东北地区城镇化发展发生很大变化。

随着我国城镇化的推进，农民向市民的转型加快，需要金融机构提供经营、消费方面的服务和支持。同时，在农业现代

① 数据来源：国家统计局综合司《内需挑大梁支撑中国经济发展》，http：//www.stats.gov.cn/tjsj/sjjd/201804/t20180410_1592995.html。

化过程中，农村第一、第二、第三产业融合发展，农村产业链延长和价值链提升，也需要农村金融机构加大支持力度。城镇化的发展使得我国农村剩余劳动力可以获得较高的边际劳动收益。农村剩余劳动力就业由农业转变为第二、第三产业，不仅拓宽了农民增收途径、增加了收入，与此同时随着我国农村剩余劳动力不断转移到城镇，相当一部分农民已脱离农业生产，加入城镇居民生活。随着工资性收入不断上涨，进城务工队伍不断壮大，农民工实现了职业和地域的转移。在当前城镇化不断推进的过程中，农民工市民化、农村空心化、留守儿童、留守老人也逐渐成为热议的话题。部分农村地区由于外出务工人员较多，造成男女比例不均衡，在农村发展现代化农业、工业、第三产业等有一定的阻力。城镇化也显著缩小了农村与城市的差距，改变了农村贫穷、落后的面貌。

伴随城镇化的快速推进，更多的土地用于工业化及开发建设，农民工市民化使更多劳动力投入生产运营，改变了许多乡村落后的面貌，农民收入增加，农村公共产品供给增加。总体上看，产业结构多元化、现代农业发展、人口就业结构变化、收入水平提高等，都必然导致传统农村金融市场需求结构发生重大改变。农民资产和收入增长提出综合性金融服务需求。近年来，农民收入水平大幅度提高，农村人均收入已从 1978 年的 133.57 元增加至 2017 年的 13 432 元（见图 4.1），农村人的生活水平显著提高，这些都改变着个人理财需求。

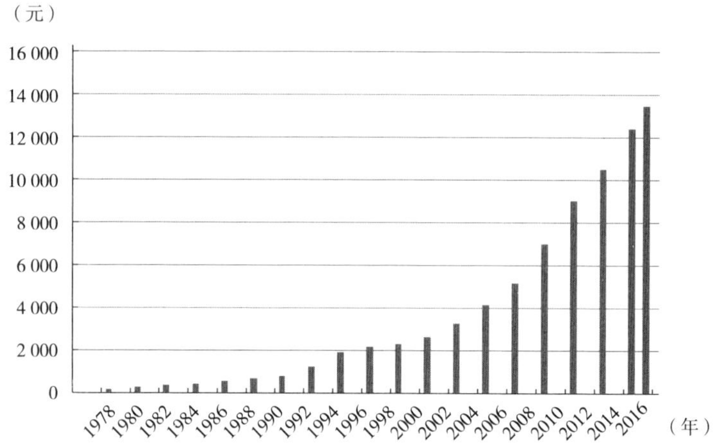

图 4.1　1978—2017 年我国农村居民人均收入

数据来源：Wind（金融数据和服务工具服务商）。本书中涉及的我国农村居民人均收入的“农村居民家庭人均纯收入”这一指标数据范围是从 2007 年到 2012 年，2013 年国家统计局调整指标统计口径，新口径为“农村居民人均可支配收入”。

随着金融理财产品准入门槛的大幅降低，以及手机银行等移动终端的快速发展，“三农”金融服务需求早已突破以信贷为主的存、贷、汇等老三样服务，以理财、证券投资为主的新型金融服务需求已经快速发展起来。随着农村“两权抵押”及“土地流转”制度的不断推进，农民已不是传统意义上贫穷、落后、自给自足的人群，而是拥有土地，并依托土地拥有财产的人群。电子商务的发展改变了农村的生产经营方式、消费模式和文化生活，近年来兴起的淘宝村以爆炸式增长的现象是农村新时代变革的最好印证。伴随电子商务的到来，还有近年来不断发展的金融科技手段，如支付宝、商业银行应用程序等。农村地区移动互联用户规模不断扩大。以移动互联为基础的金融服务走向深入，银行、证券、保险服务半径扩大，农村居民有更多享受服务的机会。这些都在很大程度上改变了农户的消费、支付方式，也使农民群体对金融的理解不断加深，相应地产生了投资的理念和管控风险的需求，对理财产品需求也应运而生。

（五）新型主体、新型抵押担保模式考验风险定价能力

与传统小农经济融资需求不同，新型农业经营主体既全面继承传统农业的“弱质基因”，又不断向现代化农业产业经营体演进，生产经营显示新模式，融资需求亦呈现新特征。但由于目前社会化中介服务不健全，使新型主体在财产评估、登记交易以及处置变现环节受到双重约束，严重阻碍金融资源的客观投入。农村融资担保平台尚未构筑完成，担保中介机构数量少、规模小、运作不规范，整体风险抵御能力偏低。同时农村征信体系不健全，信息处于零散、分割状态，信用评级缺乏公平性和公开性，频繁使用非市场型增信手段，这些都对农村金融机构的风险定价能力提出了更高要求。此外，农村产权交易和退出机制欠缺，抵押物进行再流通和交易困难，农村产权市场发育的长期性和复杂性也必然带来金融机构风险定价能力培育的长期性和复杂性。

（六）城乡融合、产业融合发展考验交叉创新性业务能力

乡村振兴战略强调要素在城乡之间双向流动，鼓励第一、第二、第三产业融合发展，社会资本到农村发展适合企业化经营的现代种养业、农业服务业、农产品加工业，以及休闲旅游

养老等产业。这必然带来土地等相关权利和各类资本的跨区域、跨领域流动，经营主体的业务范围也必将突破传统的农村种养殖，社会资本和农民、涉农企业之间将形成新的利益联结机制。因此，在实践中，必然对涉农金融机构的产品创新提出了更高的要求。例如，利用集体建设用地建设租赁用房，既可以使用传统的土地使用权和住房所有权抵押贷款的方式加以支持，也可以开发 REITs（房地产信托投资基金）等证券化产品在交易所募集资金。

落实农村金融监管的“最后一公里”。监管部门实施农村金融差异化监管，在涉农不良贷款率容忍度、信贷人员“尽职免责”、金融机构产品创新和审批权限适当下沉等方面均出台了指导意见。在新形势下，如何落实这些监管措施，需要在金融监管技术和制度、金融机构内控要求等方面做出具体安排。

总之，农村经济金融需求和供给两端的变化，正在系统性地改变传统农村金融的全局面貌。在传统农村金融难题（主要是高成本、高风险导致的农村金融覆盖率不高和覆盖深度不够）有望得到根本解决的同时，新的问题也随之产生，农村金融市场的主要矛盾发生根本改变。

三、金融支持乡村振兴战略的实施应是一个系统工程

乡村振兴战略以改革创新的思路，清除阻碍农业、农村、农民发展的各种障碍，激发农村各类要素的潜能和各类主体的

活力，不断为农业、农村、农民发展注入新动能，强化“农民、土地、资金”三大要素供给，从而推动农业全面升级，促进农村全面进步，实现农民全面发展。这就需要强化农村金融服务方式创新，着力解决农村金融供给不足问题，提升金融服务乡村振兴能力和水平。

首先要理顺促发展与强监管的关系。一是处理好财政税收、货币金融、金融监管以及促进金融业发展等政策之间的关系。各相关主体职责划分是：财政负责基本发展和基础性公共服务，地方政府负责当地各类促进农村发展工作和农村金融中消费者保护等行为监管工作，各类涉农金融机构（组织）按商业化原则（或不同层次的可持续运营）运作，金融监管部门负责农村金融审慎监管和行为监管工作，人民银行在稳健货币政策前提下经严格审议程序提供补充性支持。二是推动政策实施方式由选择性向功能性逐渐转型。增加普适性、功能性、竞争性政策支持。应就政策支持制定引导和鼓励的标准，任何金融机构开展符合标准的涉农金融服务都可以得到相应的政策支持，不预设机构。此举可强化金融机构支农的内在激励，形成公平竞争的市场氛围。即政策性金融业务也应在财政核定补贴的前提下，通过市场化招标方式，允许各类机构参与，以提高政策性金融的效率。同时，应降低农村金融机构经营税率，逐步放开农村金融市场利率，让市场机制更好发挥作用。三是理顺央地关系，坚持“金融管理主要是中央事权”的前提下，整合市（县）以下监管资源。科学合理的地方金融管理体制应坚持金融事权主要归中央、分离发展与监管职能的原则，地方层面特别是市（县）以下应对现有监管资源进行整合，形成监管合力。对小额贷款公司等7类机构“由中央金融监管部门制定规则，地方金融监管部门实施监管”。强化地方金融管理部门对投资公司等4类组织的监管，提高准入门槛，严格限定经营范围等。对于互联网金融这种具有跨区域跨行业特征的活动，应当加强地方政府和中央监管部门的协调与配合。

其次要建立一个竞争性的农村金融体系。从长远看，这一多元化的金融组织体系，将包括从非正规到正规金融、从私营到国有金融、从小型到大型各类金融机构共存的完整的金融机构光谱。不同金融组织形式之间公平竞争，由市场而非政府或监管部门决定什么地方适合什么样的金融组织形式。在制度创新的基础上，使不同的金融机构能够较好地依托不同的运作平台发挥各自优势，满足不同层次的金融需求。按照金融分层的原则，允许不同形式的金融组织平等竞争，通过市场机制选择优胜者。发展多层次的农村金融机构体系，既应注重发展面向农村特定产业的专业性金融服务机构，也应鼓励不同类型的金融服务机构针对农业生产链不同阶段的风险，互相配合提供互为补充的金融服务。就前者而言，依托特定产业如养牛业的专业性金融服务机构，可以在对本产业深入了解的基础上提供更为科学有效、更具针对性的金融服务，这就要求进一步发展根植于农村本地的微型金融组织以及各类合作金融组织。就后者而言，以市场化为特征的农村产业结构调整使农业生产链拉长，在产业化农业生产的不同阶段中，在土地投资、水利设施、防灾减灾、农产品开发、农业科技推广等方面，需要根据风险大小和融资期限长短，提供专业而全面的农村金融服务。这就要鼓励发展农业产业发展基金，加快发展农业高科技企业的高收益债券和创业板的推出，引导农业企业通过资本市场融资。

再次要继续按照放宽准入、深化改革、健全风险防控机制的原则，促进农村金融适度竞争。一是大型商业银行在一些民营企业、小微企业金融服务发展较好的地市分支机构，可引进民资和外资，改造成子行。同时，可探索员工持股，充分调动和发挥员工的积极性。完善“控股公司－村镇银行”模式，如目前由中国银行与新加坡淡马锡共同出资设立控股公司，在各地发起设立村镇银行，这一模式有待进一步完善。这两种模式形成的中小银行既能发挥大型商业银行网络、品牌、科技上的优势，又下沉基层，贴近市场，拥有本地化的信息优势，能更好地服务民营企业、小微企业。二是以强化竞争深化农村信用社改革。打破县以下（乡镇层面）农村信用社作为唯一金融机构的垄断局面，允许农村信用社在同地市相邻县区开展服务，强化市场竞争。三是深化开发性政策性金融机构改革。厘清政策性业务与商业可持续业务的边界，财政部应明确政策性业务范围并落实政策性业务的补贴责任，两类业务分账管理或设立子公司实现法人隔离，加强监管，完善公司治理。四是发挥非存款类放贷组织的积极作用。推动《非存款类放贷组织条例》出台，按是否吸收公众存款而非是否金融机构的理念，规范监管小额贷款公司等非存款类放贷组织，对其牌照管理、设立条件、业务经营、法律责任等都做出明确规定。

然后要完善农村金融风险管理体系。通过健全农业保险体系，建设农村各种形式的担保体系，完善农业灾害风险转移分摊机制。深入总结和推广经验，推进农村信用体系建设，完善农村支付体系和工具等金融基础设施建设，更多利用互联网等电子信息平台，向现代农业经营主体提供多种信息服务，帮助其实现有效的资金配置和风险管理。大力发展订单农业，鼓励开展与订单农业相结合的农村信贷产品创新。加快发展农产品期货市场，开发农产品期货新品种，完善市场品种结构，适时推进期货期权，试点设立期货投资基金，鼓励农产品生产经营企业进入期货市场开展套期保值业务。鼓励发展以农业订单为依据的跟单农业保险，鼓励商业性保险公司开拓农村保险市场。鼓励有条件的地区由政府出资，农民和农村企业参股，成立符合现代企业制度的股份制担保基金或担保公司，带动各种担保机构的发展。扩大有效抵押品的范围，如增加存货、应收账款等动产抵押、权利质押，探索开展土地抵押。探索建立农村信贷与农业保险相结合的银保互动机制。进一步完善农村地区的信贷市场、保险市场、期货市场，建立功能完备、分工合作、竞争适度的农村金融市场体系。

最后要建立及时校正和市场化退出机制。由于农村金融机构比较分散，监管起来比较困难，信息的真实性存在疑问，因此必须健全农村金融机构的治理结构，增强其经营的透明度，让有效的监管机制发挥作用。有效的监管机制应是正向激励的机制，监管正向激励机制最关键的政策是“及时校正措施”。具体来说，当金融机构资本充足率或其他绩效指标超出某临界值时，监管部门就应马上采取措施限制其业务发展和限制分红等，使金融机构感到非常强的“紧箍咒”作用。如果再往下滑，监管机构就应要求收购兼并。最后要在资不抵债之前关闭问题机构。结合中国的具体情况来看，还必须建立及时有效的退出机制，建立退出机制的关键是对中小存款人如何保护和补偿的问题，需要更好地发挥存款保险机制的作用。总之，在开放农村金融市场的同时，监管机构应根据被监管农村金融机构的发展趋势采取及时校正措施，强化监管，同时完善存款保险制度，从而保证农村金融市场有效运行。

第五章　金融科技与农村金融

数字技术和微贷技术的有机结合能够在商业可持续的基础上，把传统上“静态、被动、高门槛”的信贷体系，改造为“动态、赋能、多场景”的新模式，打通普惠金融支持“三农”和小微企业发展的“最后一公里”。普惠理念和数字技术都不会改变金融的本质。不管是互联网企业涉足普惠金融业务，还是传统金融利用“互联网 +”扩大服务半径，金融行业传统的信用风险、流动性风险、操作风险等依然存在。并且，数字技术的引入使金融风险更具隐蔽性，传播速度更快，传播范围更广，产生了诸如系统安全、信息泄露、投资欺诈等众多与技术及传播范围有关的风险，增加了金融系统性风险。从当前看，数字普惠金融为社会经济发展带来更多福利，但大量普通金融消费者的自我保护能力和安全意识还比较薄弱，监管存在空白或薄弱环节，跟不上形势发展的需要。这就要求普惠金融的推动者、监管者、消费者和提供者加倍关注，引导数字普惠金融健康发展。

一、金融科技重塑农村金融竞争格局和风险特征

我国有 6 000 万到 7 000 万的小微企业主和商户，有 1.2 亿到 1.5 亿的低收入工薪阶层，有 1.8 亿到 2 亿的农村居民，这些人是商业银行的长尾市场。他们缺乏完善的征信记录，没有足够有效的抵押物，再加上地域的高度分散，如果要提供金融服务必然需要投入巨大的人力，需要极为复杂的信息数据采集、中期信贷审核以及后期的贷后管理。这样的客户单笔业务金额较小，成本却异常之高，导致商业银行几乎不愿意在此类小微客户身上投入。然而数字技术从根本上解决了这些难题，从存取款、转账、支付等基本金融服务，到贷款融资、保险保障、投资理财等综合金融服务，从小额分散的个体金融服务到相对大额集中的全产业链授信，从前端的信用评估、客户获取，到中后端的风险控制管理，数字技术对产品研发、业务模式以及风险控制的渗透正不断深入，应用前景和发展潜力不断拓展。非现金支付方式和数据信用评估驱动的业务模式，使金融机构能够更准确地识别和管理风险。同时，借助产业链、价值链、商圈、物流等信息系统的支撑，数字普惠金融在极大程度上有效解决了小额涉农贷款中天然存在的高风险、高成本传统难题，同时还能够极其自然地提供保险、担保、衍生品、货币汇兑、证券化等广谱、组合式服务。

（一）数字技术在农村金融领域得到广泛应用

我国数字基础设施建设领先。目前，我国已建成全球最大的4G（第四代移动通信技术）网络，中国大部分农村都具备手机3G（第三代移动通信技术）/4G上网的条件，移动电话普及率达到95%，网民规模达到7.10亿，互联网普及率达到51.7%，超过全球平均水平3.1个百分点，超过亚洲平均水平8.1个百分点，手机网银规模超过5亿户。总体上，我国数字金融发展的“硬件”条件优势明显，数字普惠金融已经处于飞跃式发展的起飞阶段，“三农”和小微企业包括存、贷、汇以及理财投资在内的各类金融服务有望获得根本改善。数字化的金融服务帮助众多分散的个体农户组织起来，更有效地引入大资本、大生产、大市场、大流通，提升农业产业化水平和农产品供给质量。

依托“互联网+”模式，金融服务正在融入智能制造，将为消费者提供更具个性化、技术含量更高的金融产品和服务。新型城镇化除了在基础设施建设方面存在巨大的融资需求，更多的新市民也迫切需要拓宽理财投资渠道。在这一背景下，借助数字技术和互联网的普及应用，金融机构的获客渠道将大大拓宽，获客成本也将大幅下降，风险控制可以做到实时、精准。当然，金融科技和数字普惠要发挥其最大潜力，仅仅具备“硬件”条件远远不够，还需要好的“软件”系统，如创新友好、风控有效的监管制度等。

农村地区移动互联用户规模不断扩大，以移动互联为基础的金融服务走向深入，银行、证券、保险服务半径扩大，农村居民有更多享受服务的机会。从运用金融科技的电子借贷平台数量看，我国运用金融科技的电子借贷平台已达 365 个，占国际上 15 个国家所有平台的 52.74%。2017 年 8 月 7 日，高盛《金融的未来：中国金融科技崛起》预计，消费信贷余额（除住房贷款）将从 2016 年的 5.8 万亿人民币，增长到 2020 年的 13 万亿人民币；其中网络借贷将从 2016 年的 6 910 亿人民币，增长到 2020 年的 3.3 万亿人民币，扩张数倍。而金融科技在其中的运用将包括为次贷借款人提现、消费贷款和小额消费贷款提供智能获客、身份识别、大数据风控等。

（二）数字技术改变金融的供给行为特征

调研发现，数字技术和微贷技术有机结合，能够在商业可持续的基础上，把传统上“静态、被动、高门槛”的信贷体系，改造为“动态、赋能、多场景”的新模式，打通普惠金融支持“三农”和小微企业发展的“最后一公里”。

金融机构或其他金融服务提供商的供给行为特征，决定着农村金融服务的成本和风险水平。供给曲线的位置取决于各类相关金融基础设施的发展程度，但更重要的是取决于金融服务提供商的管理能力和金融产品创新能力。近年来，数字技术促进农村金融基础设施不断完善，农村金融服务供给曲线向下大幅移动，农村金融服务供给成本（风险）下降，我国农村金融供给端发生了很大变化，农村金融市场的全局面貌也发生了系统性改变。

数字金融具备高效、共享、低成本、低门槛的特点，在解决普惠金融的传统问题，即小额涉农金融服务的高风险、高成本方面具有天然优势，为彻底解决传统普惠金融问题提供了前所未有的重大机遇。2016 年 G20 杭州峰会正式通过《G20 数字普惠金融高级原则》《推进普惠金融发展规划（2016—2020 年）》，其中明确提出，“积极引导各类普惠金融服务主体借助互联网等现代信息技术手段，降低金融交易成本，延伸服务半径，拓展普惠金融服务的广度和深度”。

一是大大减轻了信贷人员的负担。银行可以通过移动平台到客户经营现场采集信息、拍摄图片、认证指纹，推送的大数据信息提升了营销针对性，地图功能可帮助精准查找区域客户。艳芬农场是河北省永清县葡萄种植示范农场。廊坊银行信贷员现场调查了种植的葡萄品种、面积、肥料种类、使用频率等，与数据库中的市场价格等指标相结合，后台模型在几分钟内就给出了可以贷款的判断，人工复核后当场即可授信。

二是降低了客户的交通成本。信贷人员手持移动终端到田头车间上门服务，客户能使用遍布城乡的综合服务站点和自助银行机具，报送贷款需求和相关信息的门槛大大降低。成都市 1 700 多个村级金融综合服务站和浙江农信的丰收驿站作为线下终端，群众在此通过互联网与金融机构对接，让“信息多跑路，客户少跑路或不跑路”。

三是减少了数据重复录入审核等低效流程。通过数据标准化、客户评价模块化、审批集约化和无纸化等技术和机制革新，大量删减与合并重复环节，无须准备大量证件复印件。浙江农信“普惠快车”“小微专车”对业务节点上的信息表进行整合优化，标准化表格包括客户的基本情况、金融需求、主营业务、资产负债、征信、公议等信息，从多平台的反复切换精简为单平台一键式办贷操作。

四是多场景应用提升客户的盈利能力。通过整合第三方平台、农业供应链对接等多元场景，提供了赋能性普惠金融服务。浙江农信搭建的小微企业管家平台，为没有能力经营、运维电商平台或 ERP（企业资源计划）系统的小微企业、资金互助会，提供进销存、资产负债、现金财务等企业日常管理服务，客户可通过第三方平台入口直接申请授信、用信、还款、支付等金融业务。

（三）有效应用涉农金融数据的典型模式

以数据平台为支撑，建立若干以数据挖掘信用价值的模型，提升审贷客观性和可靠性，是帮助“三农”和小微企业培育信用的关键。

一类典型应用是单机构专用模式。如廊坊银行“爱农贷”建立评估基准数据库和风险管理模型，采集农业部和大连商品交易所公开数据，以及北京新发地市场近三年每日批发交易数据，实地调研了永清县 37 种蔬菜、水果、禽畜的成本与价格，形成区域内综合性农业数据库，并在此基础上，引进国际领先的农业贷款风控模型，将农作物成本、农作物价格、资产负债信息、农业技术水平等80多项评分指标嵌入贷款模型。浙江农信整合了GIS（地理信息系统）平台、图像数字化（OCR）平台，引入了征信、社保、公积金、纳税等数据构建信用池数据库，根据电子存单、理财、保单、保函等数据构建资产池数据库，根据承兑汇票、商业汇票等数据构建票据池数据库。

另一类典型应用是开放平台综合应用模式。如成都市“政保银企”协同打造了“农贷通”融资综合服务平台，整合分散在政府各部门的基础信息、农村电商的交易信息和村级金融联络员采集的辅助信息，区内政府部门、交易场所、银行、保险、担保等都可以接入。成都农商银行进一步整理出农户基础信用档案，制定标准化授信模板并主动授信，已汇集1.6万户档案，并通过手机实现线上申请、评级、审批、放款。黑龙江省方正县的“两权”登记抵押系统，整合了农业、国土、住房、金融等部门职能的登记确权、资产评估、抵押担保、收储拍卖等服务。目前，该系统接入了8家融资担保公司、7家资产评估公司和4家收储拍卖公司，纳入了全县8家银行和1家保险公司的65个信贷保险产品，规范了县乡村三级农村土地经营权抵押贷款管理。农户足不出村就可一站式完成从申请到取得贷款全流程。管理部门对“两权”抵押贷款可查询、追溯、汇总，全面提高服务和监管能力。

无论是哪种应用，其目标都是利用数字技术分析客户行为，快速精准识别客户信用。银行可以不受限于是否有信贷历史，与传统风控模式在评估内容、技术手段、数据来源、分析维度、评估模型等方面都有很大的区别。银行自动评级和授信测算，实时监测客户财务状况、市场成交等因素的变动，15 分钟完成小额信贷流程，已授信的农户信贷资金可一分钟到账。

对资金需求 30 万元以下的农户，浙江农信不要求提供担保，可由评级模型根据其现金流情况测算出合理的授信额度。对 30 万至 500 万元资金需求的个人和企业，浙江农信利用评分卡技术，通过将客户的各类财务指标与非财务指标相结合的方式，对其进行评级、授信测算和打包审批，同时借助标准分数（z-score）、杜邦分析、沃尔比重分析等工具多维度识别客户偿债能力。成都银行探索建立适合农村经济主体的评级方法体系，逐步制定和完善切实可行的评分要素和标准，将涉农主体评级嵌入评级系统中的微型模板。

廊坊银行“爱农贷”以供应链关键环节为切入点。首先是以农资经销商为供应链核心企业，在对其调查评分后授信。然后由农资经销商推荐下游新型经营主体，后者获得推荐和担保后自主申请贷款。银行再对新型经营主体进行贷款审核。艳芬农场的上游农资经销商已经得到廊坊银行 300 万元的总授信额度，艳芬农场最终得到其中 30 万元作为担保贷款上限。这种模式使农户信用状况基于真实贸易得以有效改善，而农资经销商作为供应链中的核心企业，仅仅是将过去的赊销风险转变为现在的担保风险，并进一步掌握了充足信息，控制了资金流向，有效提升了银行、农业生产主体和农资经销商的风险管理水平，解决了商业银行与农户之间的信息不对称问题。

数据技术的应用使多业务环节的风险防控实现了一体化和自动化，改变了以往靠主观判断客户的模式，实现了风险人控向机控的转变，可有效规避人为操作风险。

此外，信待人员贷前调查、贷后管理具体有哪些步骤，审核是否合规、调查结果是否存在问题都将按规定及时反馈。如浙江农信要求贷前应获取资债情况、征信情况、公议情况、财务数据等信息数据。“爱农贷”采用全程线上操作模式，手机应用程序和在线账务操作系统将调查数据实时对接评分引擎，由系统计算农户种植成本及最高贷款额，经人工审核确定借款人的最终授信额，上述现场调查由平均 2 小时缩短至 40 分钟。签署贷款合同后，借款人可在线申请用款，农资经销商收到该笔贷款后，即将相应农资运送到指定地点，该笔业务完成。

由于上述流程基本在线上完成，并实现了模型化和标准化，后台对现场调查、授信审核和风险控制等环节能实现自动比对分析，人的主观因素被降至最低，有效避免道德风险，也扭转了业务人员不愿承担责任的倾向。

由计算机系统处理大量结构化数据，及时发现客户的潜在风险，缩小信贷人员自由裁量空间。贷前，对于存在涉黄、赌、毒，存在重大涉诉、被法院执行、民间借贷纠纷，发生贷款逾期多次或信用卡逾期多次的客户，或属于高污染、高能耗产业，系统即自动拒绝准入。贷后管理方面，如出现贷款资金回流、涉及大额诉讼、水电费缴款异常等，以及表内表外资产异常、欠息、授信到期、按揭扣款不足等，信息将实时推送给信贷人员，督促做好贷后检查。目前，浙江农信平均一位数字小贷客户经理要管理 427 位客户，最高的管理了 1 464 户，但发放的贷款不良率仅 0.3%。

客户良好的借还贷款记录、不断增加的销售额、不断积累的固定资产和商誉、健康运行的现金流，这些都成为银行大数据的一部分，实实在在增加了客户的信用能力。

二、促进数字普惠金融的政策框架

（一）“数字鸿沟”考验服务和监管能力

农村经济金融需求和供给两端的变化，正在系统性改变传统农村金融全局面貌，农村金融机构体系、政策体系和产品结构都在发生根本性变化。在传统农村金融难题（主要是高成本高风险导致的农村金融覆盖率不高和覆盖深度不够）有望得到根本解决的同时，新的问题却已随之产生。农村金融市场的主要矛盾正是来自数字技术和商业模式对这一领域的冲击。例如，农村金融机构数字技术能力培育缓慢，之前稳定的存款来源被大量手机端产品撼动，争取存款的成本大幅度上升；广大农民面对的“数字鸿沟”和令人眼花缭乱的风险产品正在考验监管部门综合监管、穿透监管和行为监管能力。

（二）促进数字普惠金融的政策框架

普惠理念和数字技术都不会改变金融的本质。不管是互联网企业涉足普惠金融业务，还是传统金融利用“互联网+”扩大服务半径，金融行业传统的信用风险、流动性风险、操作风险等依然存在。并且，在引入数字技术的背景下，金融风险更具隐蔽性，传播速度更快、传播范围更广更深，增加了金融系统性风险，产生了诸如系统安全、信息泄露、投资欺诈等众多与技术及传播范围有关的风险。数字普惠金融为社会经济发展带来更多福利，也带来资本的竞相追逐。但大量普通金融消费者的自我保护能力和意识还比较薄弱，监管还存在空白或薄弱环节，跟不上形势发展的需要，这就要求普惠金融的推动者、监管者、消费者和提供者加倍关注，引导数字普惠金融健康发展。

一是重视改善数字普惠金融可能带来的数字鸿沟问题。普惠金融服务对象主要是弱势群体，由于受教育程度低、收入低、年龄大，对数字技术的理解能力低，互联网金融应用水平低，承担风险能力弱，需要金融部门加以特别关注。所谓金融“数字鸿沟”的实质，是指技术进步在给大多数人带来福利的同时，可能使少数弱势群体由于数字技术使用主观能力不足，利益反而受到一定影响。这在历史上屡见不鲜，也是自然规律使然。需要从供给侧推进金融机构改革，鼓励金融机构开发针对弱势群体的互联网金融产品和服务。注重普惠金融发展形式的多样化，线上线下相结合，传统金融、数字金融相结合，不搞千篇一律。同时政府要加强普通消费者能力提升教育。

二是坚决打击披着数字普惠金融外衣的非法金融活动。数字技术是中性的，数字普惠也是中性的，先进技术在促进普惠金融乃至整个金融业发展的同时，也有可能被不法分子利用，诈骗者打着普惠金融的旗号，披着互联网金融的外衣，提供虚假收益的理财产品，消费者以为获取了高息，其实被“收割”了本金。近两年来互联网金融领域已经出现了多起跑路事件。地方政府和相关监管部门应采取果断措施，依照《刑法》和有关司法解释有效识别这些伪金融创新，区分创新与犯罪，打早打小打准，依法惩处非法金融活动。要规范数字普惠金融机构的信息披露，严厉打击虚假违法宣传，落实投资者适当性管理，强调“卖者有责”。

三是加强大数据背景下的数据安全和个人隐私保护。当前，全球都面临技术发展迅速而数据保护不足的问题，个人隐私信息泄露重大案件频发。如何确保数据主体获得尊重和安全感，推动数据市场的有序发展，我认为日益成为提升金融创新和服务能力的重大课题。要利用数字金融发展普惠金融，首先要能保障数据主体的保密权，以及获取、利用、支配其信息的权利，还有允许或者不允许他人获悉或者使用自己信息的权利。在中国，立法机构已经明确要求金融机构搜集信息应当遵循合法、正当、必要的原则，并履行征得用户同意、明示搜集使用规则、保护数据安全的义务。在智能金融快速发展的态势下，还需要进一步关注的是，确保给予或剥夺消费者权益的最终决定由人类而不是机器做出。要强化信息主体的可携带权和被遗忘权，前者指数据主体可以无障碍地以通用的电子格式将其数据从一个服务提供者转移到另一个服务提供者，后者指数据主体有权要求数据控制者删除某些信息，限制数据控制者利用数据进行自动化特征分析。

四是建立负责任的投资者适当性管理的消费者保护制度。针对数字普惠金融服务大量“长尾人群”的特征，要特别注重保护消费者权益，建立负责任的投资者适当性管理的消费者保护制度。不适合普通投资者的金融产品，只有与线下投资者适当性管理结合才能在线上销售。在分业监管背景下，各数字金融业态的归口监管部门，应负责建立各自消费者投诉、受理、处置机制，落实服务标准规范。下一步，要积极探索综合性的消费者保护机制，建立多元的金融消费纠纷解决机制。动员社会各方力量共同普及数字普惠金融知识，提高公众金融素养，加强风险提示与教育，引导树立“买者自负”的投资理念，构建金融消费者教育的长效机制。

五是加强基础监管制度建设，补齐监管短板。要针对数字金融风险传播速度快、范围广、隐蔽性强等特点，在流动性风险、信用风险、操作风险防范上，加快健全有效的基础监管制度，加强综合监管、协调监管、功能监管。同时加大监管技术创新力度，充分运用大数据技术丰富监管信息，完善监管手段、改善监管方式，努力提升数字金融监管的有效性。

技术的进步和金融的发展，最终目标都是促进社会的和谐进步和更加美好。尽管还面临诸多挑战，但在日新月异的技术进步，以及全球范围内日益形成共识的公平共享、可持续发展理念引领下，普惠金融发展正面临前所未有的重大机遇，正逐渐成为缓解收入差距、创造发展机会、促进经济转型升级以及推动社会公平正义的重要力量。只要我们创新的是“真”金融，数字条件下的金融风险就能够“真”管好，普惠金融必有“真”未来。

第六章　农村信用社改革研究

农村信用社是我国农村金融体系的重要组成部分，是联系广大农民的金融纽带。党中央、国务院一直高度重视农村信用社的改革发展，2003 年 6 月，国务院印发《深化农村信用社改革试点方案》(以下简称《试点方案》)。时任人民银行行长周小川在2003年8月18日深化农村信用社改革试点工作会议上指出，“把农村信用社办成产权清晰、管理科学、约束机制强、财务上可持续发展、坚持商业性原则、主要为‘三农’服务的金融机构”。通过此轮改革，全国农村信用社（含农村商业银行、农村合作银行，下同）逐步成为名副其实的“支农主力军”，在提升农村金融服务能力方面发挥了重要作用，其各项贷款余额的60% 投向涉农领域，全国涉农贷款的 30% 和农户贷款的 55% 由其提供。新形势下，中央明确要求开展农村信用社省联社改革试点，逐步淡出行政管理，强化服务职能。乡村振兴战略对农村金融机构改革也提出了新的要求。

一、省联社体制的由来及面临的挑战

2002 年之前，全国农村信用社有 6.2 万个网点，县级为二级或三级法人结构，家底不清，治理缺失。按照中央提出的明晰产权关系、强化约束机制、增强服务功能、国家适当支持、地方政府负责的要求，通过“花钱买机制”，农村信用社改革基本目标得以实现——长期积累的沉重历史包袱逐步化解，资产质量和经营状况明显改善，资金实力和支农信贷投放显著增加，产权制度改革取得进展。

《试点方案》、《关于明确对农村信用社监督管理职责分工指导意见》（国办发〔2004〕48 号）等文件作为此轮改革的核心制度安排，将农信社的管理交由地方政府负责，在大多数省（自治区、直辖市）形成了所谓的“省联社体制”，由省联社承担管理、指导、协调和服务县联社的职能。这在农信社法人分散、弱小、极不规范的特殊时期，省联社体制在推动改革、改进经营、健全内控、化解风险等方面发挥了重要作用。但由于省联社内涵的行政管理与市场化改革目标之间的矛盾，省联社自设立以来就饱受争议。随着改革深入，在当前全国过半县联社已经改制农商行的背景下，矛盾逐步显露出来。

（一）基层农信社治理失效与资本失能

一方面，省联社通过对农信社高管的任免权实际取得了对农信社的全面管理权，基层社法人治理实际处于缺失状态。监管部门对基层农信社法人治理提出了严格要求，“三会一层”全部到位，有的设立了独立董事，有的还在董事会中成立了专门的人事、薪酬、风险委员会。但是，省联社通过“管人事”实质性介入了农信社经营，取代了股东的决策地位，造成农信社法人治理流于形式，从股东大会开始就成为“走程序”的摆设。大多数基层行社资本金主要来自分散的社会资本，如江苏已在A股上市的5家农商行中，最大股东持股不超过4%，并且与贷款户高度重合。这些小股东既难以掌握充足信息又难以通过董事会代表或股东大会进行主动治理，也难以通过交易“用脚投票”进行被动治理。

另一方面，农村信用社的资本不能真正规避风险。不参与实际治理的股东转而要求出资的“绝对安全”和刚性的“分红权”。这种形式的“名股实债”使农村信用社的风险实际上被转嫁给省级政府。

（二）金融监管缺位、错位严重

农信社实际处于多级监管、多头监管，监管对象和责任主体都不明确。银监部门既通过各省级、地市级派出机构对省联社、县联社（农商行）进行直接监管，又通过省联社对县联社（农商行）进行间接监管。一是容易造成监管部门推卸监管责任。县级法人机构一旦出现风险事件，究竟是银监分局监管失职，还是省联社出现管理问题，难以区分。监管部门往往以风险防范责任归地方为由，将监督责任转嫁给省联社，同时也将专业金融监管转变成了地方政府的行政管理。二是省联社往往以行业管理和行政干预代替监管。此外，省级政府（及其代表省联社）既有监管任务，又有支农和发展任务，还有风险处置任务，在发生目标冲突时可能选择性履职，强调金融支农的特殊性从而带来道德风险。

（三）缺乏及时纠正机制，造成问题积重难返

农信社现有机制还缺乏及时校正问题的机制和动力，往往到机构主要负责人换届或个别机构出现风险事件时问题才能暴露出来。一方面，片面及错误地强调地方政府要承担"兜底"责任；另一方面，地方政府又具备通过管理报表等手段掩盖风险的能力，无论是经营者还是管理者都希望不到万不得已不要暴露问题。

地方政府还往往寄希望于通过吸收兼并"消灭"风险。地方政府做大法人机构，将县级农村信用社合并为地市级甚至省级统一法人机构，其主要理由是要解决部分机构的风险和包袱问题。按此倾向，必然进入风险越大、机构越大的恶性循环，最终需要中央出手"兜底"。如果因为个别机构出现风险，就推翻一贯行之有效的政策，用做大机构的方法去"兜底"风险，实际上是"以优补劣""奖劣罚优"，这损害了员工敬业、经营良好的农村信用社的利益，释放了错误的激励信号。

（四）行政管理取代了资本、监管、市场竞争和风险处置等全部约束

省联社以行政力量履行风险防范、行业管理的职能。出于基层法人金融风险的现实压力和对内部人控制、经营管理能力的担心，省联社选择了按历史路径模糊履职，即“管人、管业务后台系统、管资金、管贷款审批”，提名县级行社高管，批准农信社组织形式、股权结构等的变更等关键治理手段均掌握在省联社手中，走的依然是行业主管部门全面管企业的老路。政府过多介入造成了农信社经营的道德风险。政府因为介入了实质性的高管任命、日常经营、产品创新甚至贷款协调，而负担了对农信社经营业绩和债务的“兜底”责任。

将针对多数机构的日常金融监管和针对少数风险机构的行政干预混为一谈。实际上，《试点方案》规定了省级人民政府承担“对信用社的风险防范和处置责任”，强调“坚持政企分开的原则，对信用社依法管理，不干预信用社的具体业务和经营活动”。《关于明确对农村信用社监督管理职责分工指导意见》具体明确了省级人民政府在处置信用社风险时，主要是组织协调各有关部门和维护社会稳定的责任，未要求承担日常监管和“财政兜底”责任。

要求省级政府（省联社）承担农信社风险处置责任的同时，对其管理视为“消极干预”，忽视了地方金融管理中控风险与促发展问题的复杂性，寄希望省联社自身“去行政化”，无异于揪着自己的头发离开地面，是一项不可能完成的任务。这样，基

层行社治理缺失、省联社行政干预与金融监管及时校正措施失效之间形成相互强化的关系，成为农信社改革的症结所在。

二、农村信用社改革的原则与底线

乡村振兴战略为农村金融机构改革的方向提供了新机遇。基于对农村、农民和农业生产形态的基本判断，针对我国长期存在的城乡二元结构问题，乡村振兴战略明确提出要通过新型城镇化、农业现代化和新农村建设并举，推动城乡要素的双向流动，实现城乡融合发展，这为农村信用社提供了新的服务格局。农信社等农村社区金融机构需要不断下沉经营而非上设大机构，这既符合农村信用社发展的长期利益，又符合乡村振兴战略的需要。

同时，农村信用社也面临巨大的市场挑战。一部分城市郊区农村将实现城镇化，农村金融服务也自然转向城市型金融服务；一部分边远农村可能通过易地扶贫搬迁或纳入生态保护范围，退出生产生活功能以及相应的金融覆盖面；更多的乡村则需要根据本地产业发展和人口结构，与农村基本经营制度、农业支持保护制度、农村社会保障制度、生态保护和补偿制度相衔接，提供更适合农业农村特点的金融服务。农信社等小型法人机构也要应对好利率市场化、混业经营限制逐步放开、互联网金融创新等金融改革推进带来的跨域、跨界、跨业务竞争压力，通过改革找到突破口。

农信社改革应牢牢把握金融服务实体经济的本质要求和市场化的方向，从体制机制上保证落实好中央关于“发展普惠金融，着力加强对中小微企业、农村特别是贫困地区金融服务”的要求，守住风险和支农两个底线，并遵循以下原则。

（一）保持县级法人地位和作用的基本稳定

聚焦“三农”，保持基层农信社县域法人地位总体稳定，不断下沉而非上设机构，是中央多年来坚持的正确发展战略，适应农业现代化和农村经济结构调整对金融部门的需求，符合农村信用社的长期利益和服务“三农”的实际。习近平总书记在全国金融工作会议上对此进行了专门强调，要求金融机构加快转变经营模式，做优主业，做精专业。农村信用社作为中小金融机构要注重业务本地化，下沉服务重心，不宜搞业务多元化和跨区域经营。李克强总理提出优化“三农”服务的具体要求是“推动机构向下沉”，并再次强调要保持农村信用社和农村商业银行县域法人地位的总体稳定。

（二）按市场化原则培育合格股东及相应机制

遵循市场化原则，把培育合格股东及相应机制作为完善农信社治理的“牛鼻子”。打破行政管理不断强化和公司治理不断弱化这一怪圈。取消社会资本进出农商行的不必要限制，推动基层农信社通过充实资本、完善法人治理等措施成为真正的现代农村金融机构。同时，要对股东进行适当的资格管理，提升资本质量，优化股权结构，避免行政强制改为农村商业银行、强制入股、名股实债甚至贷款入股等错误做法。总之，在避免内部人控制的同时，也要避免外部人控制。

对农信社，要改革为资本充足、合规稳健、积极服务乡村振兴的市场主体。可参考经济合作与发展组织（OECD）、国际清算银行（BIS）等国际组织对银行公司治理的原则指引，监管部门和行业管理部门要加强约束指导，进一步明确“三会一层”的合理分工。把董（理）事会职能真正落实到制定农村信用社发展战略、风险策略、治理制度及其监督上去，弱化其对管理层和上级联社的具体业务联系。切实维护小股东权益，如通过累积投票制度推举董（理）事的权力，注重发挥外部董（理）事和监事作用，提高信息披露有效性，防止股东以贷款入股及关联交易。

从监管指标看，农村信用社要改制为农村商业银行需要达到更高的资本充足率和更低的不良贷款率，但这不意味着农村信用社就代表落后的公司治理。实际上，农村信用社既可以保留一定的合作股，代表农民利益，也可以同时引入普通股，代表资本利益。政府和监管部门应引导好两类股东相互尊重，制定和遵守治理准则，实现社会责任和商业价值的平衡。当然，如果全部转为农村商业银行能服务好“三农”，也不应反对这种改革，但绝不能以行政强制的方式推动，更不能把整个省改制设置为深化省联社改革的前提条件。

（三）专业化监管和依法履职原则

应坚决取消无法律授权的行政管理职能，不再笼统地将农信社风险包袱甩给省级人民政府。在当前经济转型背景下，农信社面临不良资产增加和流动性风险上升趋势，一旦出现大范围的风险暴露，仍需要求助中央。农村信用社的监管责任、风险的防范与逐级吸收、处置也都应在法律的框架内加以完善和落实。要以专业化监管取代行政性管理，明确人民银行、金融监管部门、存款保险机构在农信社流动性风险监管救助、日常监管、即时纠正等方面的具体责任落实，健全风险监测预警和早期干预机制，加强履职问责。

三、农信社改革的目标与实现路径

农信社下一步改革的重点，是按照党的十九大报告中关于乡村振兴的决策部署，落实好第五次全国金融会议要求，在保持县级法人机构地位和数量总体稳定的前提下，因地制宜、依照市场原则自主自愿选择，将省联社和基层法人机构都改革成为真正的竞争性市场主体，全面提升农村信用社系统的法人治理水平和服务乡村振兴的能力。

农信社改革之所以推进艰难，一个不容忽视也无法回避的原因是，农信社（以及农村金融）是我国体制条件下“发展与监管”矛盾的集中体现，而省联社恰好是各参与主体利益和矛盾的交汇节点，任何忽视各攸关方主要诉求的局部均衡策略，必然会在落实过程中受到强力抵制从而难以真正推进。一些看似已经完成的改革步骤也因各攸关方利益不一致，导致在改革推进过程中存在误导性解读和扭曲性落实的问题，使结果和改革初衷往往背道而驰。为实现改革初衷，改革必须尊重路径依赖的规律，合理调整省联社职能而不是简单取消这一机构，强化基层机构的法人治理而不是使风险管控陷入真空，同时加强准入政策、日常监管、央地关系三方面的配合。

（一）实现进退有序的准入管理，构建竞争性的市场环境

目前县域和农村法人机构准入过于严格，农村信用社实际上“一家独大”，在部分地区成为“小而不能倒”机构。要改变这种局面，一个办法是放宽准入条件，明确准入标准，加大农村中小金融机构和民营银行的开放力度。另一个办法是适当放开农村中小金融机构（农信社和村镇银行）的经营区域限制，允许符合条件的机构在相邻县区开展服务。此外，要积极探索利用金融科技有效扩展金融服务覆盖面，实现以较低成本、更高质量服务于乡村振兴等国家战略。

这样，就有条件结合存款保险制度的实施，针对农业和农村中小企业贷款以及农村中小金融机构的特点，加强监管部门、存款保险机构和地方政府协调联动，形成市场化的退出机制。

把放开准入与市场化退出机制兼顾作为一种可行的选择，允许优质的农村中小金融机构兼并一些风险机构。但要特别注意，这种兼并必须是基于优质机构的市场选择。事实上，如果

过多鼓励这一方式，必然会出现行政“拉郎配”，或被用于掩盖风险和逃避追责。

（二）落实监管和风险处置责任，形成良性的监管竞争

建议将农村信用社分为两种基本类型。对于基本能够市场化可持续经营的机构，应接受监管部门按照《商业银行法》监管。省级政府不再对此类机构承担行业管理责任，省联社不再承担日常监管和所谓“风险兜底”职能。发挥存款保险制度及时校正和风险处置的功能，加强银监部门分支机构的早期纠正的信息共享和监管合作，形成适度、良性的监管竞争和制衡，促进监管质量和效率的提升。对于存在较高风险的机构，省级政府和省联社要制定专项治理方案，包括资本补充预案、托管预案、破产清算预案、问责预案等。

（三）条件成熟时可将省联社转型为独立经营的市场主体

保持省、县两级法人机构相互独立的市场主体地位。近期看，核心是加强省联社对弱质（治理不完善）及高风险机构的主体责任。省联社可遵循因地制宜、分类指导的思路，对经营财务状况明显改善、内部管理水平较高、可持续发展能力较强的农村信用社，按照市场化原则，提供支付结算、业务咨询等公共服务。对资金实力弱、财务状况差、自我发展能力严重不足的农村信用社，则要履行主体职责，通过强化帮扶和监督力度，对其高级管理人员聘任、大额贷款和财务开支等重要事项进行指导咨询，

帮助其逐步实现可持续发展，必要时可实施托管。此外，有关部门和省级人民政府应加强对省联社的履职责任约束。

远期看，条件成熟时可考虑依法合规地将省联社转型为独立经营的市场主体。按照市场化方向，一省一议，一事一批，因地制宜决定省联社的组织形式、经营模式和业务范围。可考虑两种思路。第一种是将省联社改造为独立经营、面向基层农村信用社提供科技系统服务和金融市场投融资服务的公共平台，打破农村信用社的“科技鸿沟”和“市场鸿沟”，省联社由基层农信社投资入股，并引导有技术能力和经营能力的机构参股。第二种是将省联社作为自律组织承担行业自律协会职能，不宜作为监管机构。在地方政府的干预下，省联社承担金融监管职能，将导致发展与监管二元目标的严重冲突。取消省联社无法律授权的行政管理职能，省联社不应以金融控股公司等名义继续控制基层法人的人事权和经营权，不应以“政策性支农”为由干预信贷审批等微观决策。

（四）处理好中央和地方的关系

在一定阶段，要求地方政府的“风险兜底”是为了防止地方政府干预中小金融机构，防范道德风险的暂时措施。随着农村信用社分类改革的推进，对健康的农村信用社，监管部门要强化其公司治理，农村信用社的流动性风险处置主要依赖人民银行，存款风险可在一定程度上依靠存款保险机制。地方政府可以介入或主导农信社机构的破产清算等事件，但必须依法使用债务重组、注资、兼并重组等工具，并遵循市场规律。对存在较高风险的机构，省级政府采取措施，逐步解决。重组改革成功一个，就退出省联社的管理。最终，省联社自身也转型为独立经营市场主体，省级政府也不再承担“风险兜底”。农信社完全按照市场化运作，监管部门和存款保险机构协调联动，形成市场化的退出机制。可见，地方政府的“风险兜底”职能可否取消，在一定程度上取决于其农村信用社的改革进展。

农村信用社改革之所以步履艰难，是因为我国渐进主义改革中惯用的自上而下方略，与需要更多考虑基层政府、民间自发力量的自下而上方略之间的冲突。归其因，虽然在政策设计之初强调“因地制宜”，但当自认为公正超脱的中央部门在实际中遇到地方利益抗衡时，就不知道如何因地制宜了，最后要么仍自上而下的全国一刀切，要么就使改革陷入僵局。事实上，需要在中央层面明确几条红线的基础上，鼓励地方农村信用社改革的创新。比如：应以完善公司治理为核心；保持农村金融机构县域法人的长期稳定；地方政府对存量农村金融机构的健康性负责；地方健康的农村金融机构纳入存款保险制度后，地方政府的主要责任变成为农村金融机构健康发展创造良好的发展环境，避免行政干预；等等。在此基础上，为鼓励各省提出并实施因地制宜的改革方案，中央财政或央行可以将低成本的长期资金借给地方政府，帮助地方政府推动改革。

总之，治理结构改革是农信社改革的核心。现代金融中介理论发现，金融机构的治理结构是环环相扣的，只有不同的部门共同作用才能为金融机构管理层提供一个正确的激励机制和约束机制。一般情况下，一个金融机构的激励和监督约束供给来自以下几个渠道：出资人或股东、储户、外部约束（如评级机构等其他中介机构）和金融监管部门。要完善农村信用社治理结构，必须要有市场竞争。要形成一个有效竞争的市场，就必须开放农村金融市场。在开放农村金融市场的同时，还必须有一些配套措施，对监管机构来说，就是要建立正向激励的监管机制。因此，改革是否成功的关键，还要看监管部门今后对农村信用社的监管如何，能否将经营绩效差的金融机构清除出金融市场。监管当局要根据金融机构的资本充足率的变化采取相应的纠正措施，多次采取纠正措施仍未取得效果的，应根据最小清算成本原则，在资能抵债前关闭或撤销该金融机构。通过有效监管和存款保险制度，农村信用社的市场化退出就能落到实处了。为防止农村信用社内部人控制，一个必然的改革方向是允许一部分股东逐步拥有相对控股的地位，将责权利统一于股东，由股东选择符合任职资格的经营者。为防止大股东掏空农村信用社，需要立法完善对农村信用社的主要股东或控股企业的监管。

第七章　非正规金融与新型农村金融机构的发展

非正规金融是指游离于经国家政府机关依法批准设立的金融机构之外的所有以获取盈利为目的的个人与个人、个人与企业、企业与企业之间的资金筹借活动。非正规金融的制度与安排形式多样，但都与当地经济、社会密切融合。当前，发展中国家的非正规金融机构和形式主要有私人放债者（包括高利贷）、贷款经纪人、储金会[①]、地下钱庄[②]、贸易信贷[③]以及亲友借贷等。非正规金融行为大多是一种非正规合约行为，在一定的区域或组织内部发生，依靠人际关系、惯例、习俗规范等支配。非正规金融以其低廉的信息成本、敏锐的市场嗅觉和独特的制度安排，在调剂资金余缺、提高资金利用效率方面，发挥了正规金

① 储金会，ROSCA（Rotating Savings and Credit Associations），国内一般将之译为轮转基金或轮流储蓄和贷款协会。储金会成员需要定期交纳一定份额的资金（或者是劳动、各种生产性和生活用的实物等），以汇聚成一笔资金，使用于某种特殊的目的，如纳税、投资或支付节日开支等。

② 地下钱庄是指那些没有经过政府授权而经营存贷款业务的营利性机构。

③ 贸易信贷是中小企业由于无法提供足够的担保品而不能向正规金融机构获得贷款，而通过向其他有业务关联的企业贷款以保证正常生产。

融不可替代的作用。

在非正规金融和需要审慎监管的存款类金融机构之间，还存在一些非审慎监管的金融组织形式，如保障性质的互济互助，包括救灾互助储金会和孟加拉国的乡村银行，以及发达国家专门的放贷公司等。在我国也有类似形式，如小额信贷公司、农村互助担保等。这些金融组织既吸收了非正规金融的特点，又具有提供资金融通服务和促进社会进步的制度特征。

一、我国的非正规金融

我国的民间借贷萌芽于西周，到明朝中期出现了经营货币的钱庄、票号等民间金融机构。新中国成立后，民间借贷数量虽然很少，但从未停止过。1978 年改革开放以后，资金需求量和货币收付量都大大增加，为民间金融的活跃提供了土壤。到 20 世纪 80 年代中期，一些地区的民间金融市场出现了严重的危机事件①等。针对这种情况，政府部门于 1998 颁布了相关规定②，民间金融重新转入地下。到 20 世纪 90 年代后期，随着金融体制改革的深入，民间金融重现兴旺之势。民间金融目前在

① 1984 年温州的“黄华会案”，1985 年温州乐清、平阳、苍南、永嘉、洞头及台州、丽水等地区的“抬会风潮”，1986 年的苍平“排会案”，1988 年乐清的“平会倒会”和“银背破产”。

② 1998 年 6 月，国务院第五次常务会议通过的《非法金融机构和非法金融业务活动取缔办法》。1998 年 8 月 11 日国务院办公厅转发中国人民银行《整顿乱集资乱批设金融机构和乱办金融业务实施方案的通知》。

我国普遍存在，主要形式有个人间借贷、个人及企业互助会、贸易融资、经纪人、股份合作企业、地下钱庄、合作基金、典当行等。我国现代民间金融在不同地区呈现出不同的特征：在经济发达地区，它属于一种商业性质的融资组织；在经济落后地区，它更多地带有互助合作的色彩。

在农村，民间金融的借款人一般是从事农产品加工的企业。由于季节性很强，这类企业在收购季节，尤其是在秋季，往往需要大笔现金去收购农副产品，通常要几十万元左右，而它们又很难符合信用社的贷款条件，所以只能选择民间借贷。由于既不在法律约束和控制下，也不在监管范围内，民间金融的规模一般是通过调研来推测的。

国家统计局农调队 2004 年对农户固定调查点进行的抽样调查表明，多数农户从银行和信用社得到贷款的难度较大。2000 年至 2003 年，农民每人每年平均从银行和信用社借入资金 65 元，通过民间借贷借入 190 元，其分别占借入资金总量的 25% 和 75%。

农业部在全国农村固定观察点系统对 31 个省、自治区、直辖市两万多农户的跟踪调查证实，东、中、西部农户的私人借款，普遍高于从银行、信用社与合作基金会借款之和。2003 年，私人借款额占总借款额的比重高达 72%，其中东部是 78%，西部是 58%。借款用途首要为生活性需求（48%），其次才是生产性借款（38.08%）。

中国人民银行调查统计司调查推算，2004 年，我国民间融资规模为 9 500 亿元，占当年 GDP 的 6.96%，占全部贷款规模的 5.92% 左右。

浙江省由于民间金融活跃，监测数据较全面。早在 2004 年，人民银行温州市中心支行汇总 300 个监测点的监测数据显示，当年 5 月份，温州市民间借贷发生额 6 492 万元，比上年底增加了 18%。当时的浙江省银监局也对部分地区的企业民间集资总量进行了测算，得出的数据为温州、台州地区分别是 110 亿元和 80 亿 ~100 亿元，湖州、丽水地区分别是 70 亿元和 85 亿元，宁波市的民间借贷总量估计至少在 50 亿元以上。这一数据在 2006 年又有了相对的增加。据人民银行杭州中心支行估计，整个浙江省当年民间融资规模在 1 300 亿 ~ 1 500 亿元。

由中华全国工商业联合会编写的《中国民营企业发展报告》（2005 年）显示，我国民营企业自我融资的比例达 90.5%，银行贷款仅为 4.0%，非金融机构为 2.6%，其他渠道为 2.9%。这表明，民营企业尤其是民营中小型企业的融资主渠道仍然是民间借贷。

我们对所有推算的依据和标准都不甚清楚，但可以肯定，对中小企业的估算应该较对农户的估算更容易，农户很可能存在大量的低息、无息借贷，通过一般的调研很难得到准确的信息。

2004 年，人民银行调研结果显示，民间借贷的利率为 12% 左右，并且不同地区和时间利率相差很大。在经济发达的浙江，庞大的需求使民间融资的利率曾一度高涨，最高时月利率曾达到 2%，但近些年一直较平稳。央行温州市中心支行的最新数据显示，该市 2006 年民间借贷全年平均月利率为 9.107%，信誉好的客户的利率甚至能与银行贷款利率持平。

2013 年，西南财经大学发布《农村金融信贷报告》，研究发现将近 50% 的农村家庭参与过民间借贷。

以小微企业为例，2018 年在第十届陆家嘴论坛上，人民银行行长易纲曾指出“小微企业贡献了全国 80% 的就业、70% 左右的专利发明权、60% 以上的 GDP 和 50% 以上的税收”。然而根据世界银行《中小微企业融资缺口报告》统计，截至 2017 年末，我国中小微企业融资缺口达到了 1.89 万亿元，约占我国 2017 年 GDP 的 17%。在巨大的融资缺口下，中小微企业将融资方向转向了小额贷款公司、民间借贷等非正规金融和新型农村金融组织，这给新型农村金融组织的产生和发展提供了强大支撑。

如何更好地发展民间金融，有很多深层次的问题需要我们进行深入的研究分析。例如，为什么农村家庭从非正规渠道借款更多呢？从申请程序、借款条件、规模、期限和利率上，正规金融机构如信用社和新型农村金融组织能从非正规金融机构中学到什么呢？是否有比信用社成本更低的农村金融组织呢？

二、非正规金融的优势及其局限性

首先，非正规金融的天然优势在于其信息优势。这不只反映在贷款人对借款人还款能力的甄别上，还反映在它对贷款的监督过程中。由于地域、职业和血缘等原因，非正规信贷市场上的借贷双方总能够保持相对频繁的接触，或者不用费力地从其他人口中了解到借款人的信息。这种信息上的便利导致贷款人能够较为及时地把握贷款能否按时足额归还，并采取相应的行动。

其次，非正规金融对担保的因地制宜的安排缓解了农民和中小企业面临的担保约束。许多在正规金融市场上不能作为担保品的物品,在非正规金融市场中就可以作为担保品。诸如房产、土地等物品，要么因为政府法令的规定不可以当作担保品，要么因为正规金融机构嫌管理和处置成本较高或者物品实际价值低而不愿意将之作为担保品。但是，在非正规金融市场上，借贷双方能够绕过政府法律法规以及金融机构关于最小交易数额的限制。由于借贷双方居住的地域相近并且接触较多，因此担保品的管理和处置成本相对较低，不被正规金融机构当作担保品的财物仍可作为非正规金融的担保品。

借款人和贷款人之间除了在信贷市场上存在借贷的关系外，还在其他市场上（如商品市场上）存在交易关系。因此，双方在签订信贷契约时，还把其他市场的交易情况附加到里面。这种存在于信贷市场之外的交易关系，不仅为贷款人提供了关于借款人资信、还款能力的信息，事实上也是一种担保。它增加了借款人违约的成本，使得贷款人能够对借款人保持一定的控制，加强了对借款人正确使用贷款以及履行还款义务的约束。

在非正规金融市场上，还存在一种社会担保机制。非正规金融市场上的借贷双方，不仅只有信用关系，还处于一定的社会联系中。在一定意义上，这种社会联系也是一种资源（无形的资源），它能够给当事人带来一定的物质或精神收益。这种社会联系一旦和借款人的还款行为挂钩，就成为一种无形的（隐性的）担保。如果借款人及时足额还款，这种社会联系就能够得到很好的维持。一旦借款人违约，这种社会联系就会被破坏，其带来的损失可能会抵消违约带来的收益。这种隐形社会担保机制的存在，使贷款人在经济制裁之外还增加了别的制裁方式，从而对借款人的行为构成约束。

再次，非正规金融的天然优势还在于其交易成本较低。体现在以下几个方面：非正规金融机构的操作比较简便，合同的内容简单而实用，对参与者的素质要求也不是很高；虽然非正规金融机构的组织和运转也需要花费一定的时间和精力，但是在经济落后地区，人们的时间和精力成本也相对较低，这进一步降低了非正规金融机构的交易成本；非正规金融机构本身具有小巧灵活的特点，以及根据实际情况进行的种种创新，这有利于节省交易成本。

尽管非正规金融具有上述优势，但这些优势是相对的，非正规金融同时还受到信息、交易成本因素的制约，这些制约决定了非正规金融活动只能在一个较小的范围内才有效率，即非正规金融存在规模和范围上的劣势。导致非正规金融在范围和规模上有劣势的因素主要有四个。第一，信息因素。非正规金融的信息优势与其活动的范围之间存在此消彼长的关系。非正规金融要想实现其信息优势，必须将其活动限制在一定的范围之内，其借贷款活动只能针对少数的对象展开。第二，交易成本因素。金融活动范围的扩大导致信息优势减弱，势必要求非正规金融机构也要有更规范的管理手段和运行机制，同时还需要有更多的高素质管理者和员工，这就意味着投入更高的成本。第三，法律上的不利地位。有一些非正规金融活动被政府所限制甚至禁止，因此，经营这类金融业务需要考虑被政府打击的风险。第四，特定地域文化的限制。一些非正规金融对特定的地域文化具有嵌入性，这使得它们仅在某些特定区域中受欢迎，如互助会只在温州、台州等特定地区较多。要充分发挥非正规金融的作用，应建立将非正规金融与正规金融机构联系起来的机制。

三、我国新型农村金融机构的发展

近年来，政府部门为引导非正规金融规范发展做出很大的努力，逐步形成了小额贷款公司、新型合作金融、农村担保互助和新型农村合作金融等多种形式非审慎监管新型农村金融机构并存的良好局面。为更好地促进发展，有关部门在山东省、湖南沅陵、河北玉田和安徽金寨等地开展新型农村合作金融试点，在浙江丽水、福建沙县、甘肃定西和宁夏固原等地进行担保互助探索。通过试点探索出一系列各具特色的经验模式，不仅对农户、新型农业经营主体和小微企业融资起到了很大的促进作用，同时也为在全国更大范围内的组织推广积累了宝贵经验。但目前我国新型农村金融机构的发展还存在监管机制不健全、风险控制能力欠缺、信用体系等配套建设不完善等问题，在以后的工作推动过程中，仍需提高风险管控能力，加大法律法规和信用体系等外部基础设施建设。

（一）小额贷款公司发展现状及方向

小额贷款公司是指不吸收公众存款的前提下，经营小额贷款业务的有限责任公司，是我国普惠金融体系的重要组成部分。按照服务“三农”和为小微企业、个体工商户提供信贷资金供给的定位，小额贷款公司以方便、快捷、灵活的经营方式和独特的技术手段，赢得了市场认同。截至 2018 年 9 月末，全国共有小额贷款公司 8 332 家，比上年末减少 222 家，各项贷款余额 9 721 亿元，比上年末减少 19 亿元。

近年来，由于受到监管政策的制约，部分小额贷款公司发展遭遇瓶颈，行业发展后劲不足，面临商业不可持续的困境。原来小额贷款公司处于“玩自己的钱给他自由”的“弱监管”状态，给客户放贷的年化利率常常高达 20%，这种方式将部分无法支付高利率的低风险客户排除在业务之外。为了优化客户结构，很多小额贷款逐渐吸纳一些贷款利率较低的优质客户，并通过提高杠杆率来满足股东回报要求。但高杠杆率的机构又需要强监管匹配，这与小额贷款公司成立的初衷相悖。

（二）新型合作金融的改革模式及成效

自2007年《农民专业合作社法》施行以来，各地积极创新，农村合作经济快速发展。为适应农村合作经济需求，2014年中央一号文件提出，在不对外吸储放贷、不支付固定回报的前提下，在管理民主、运行规范、带动力强的农民合作社和供销合作社基础上，培育发展农村合作金融。2014年，农业部、银监会等部门联合批复河北玉田、安徽金寨和湖南沅陵承担“发展新型农村合作金融组织试点”改革任务。原银监会批复同意山东省组织开展农民合作社内部信用合作试点。

“一省三县”改革试点工作进展顺利。截至2016年末，“三县”共有试点农民合作社10家，参与信用合作的社员2 974户，信用合作资金总额4 736万元，累计向社员投放资金约1.99亿元。山东省共有284家农民合作社取得内部信用合作试点资格，参与社员（包括法人社员）2万余人，累计开展信用合作业务1 743笔、金额6 442.2万元。“一省三县”试点对增加“三农”资金供给、加快构建新型农业经营体系、促进农业生产发展起到了一定作用，并且在满足社员小额、分散资金需求的同时，培养和提升了社员的信用意识和规则意识。

目前，新型农村合作金融主要试点的是，在农民专业合作社内部开展信用合作。这一机制本身不以独立法人模式运行，自然也没有资本，更不允许设立资金池。当发生贷款违约时，风险损失只能由出资人（信用合作的全部参与人）自行承担。这意味着这一信用合作机制的风险决策和管理都应由出资人共同承担。这种模式效率低，很难真正推行。如果允许以独立法人模式设立新型合作金融机构，以资本为管理和吸收风险的核心工具，虽然符合现代金融机构治理的基本原则，但这种现代金融机构又不可避免地具有扩张冲动，很难将业务范围限制在村、乡等地方。

（三）农村担保互助实践与探索

担保难是长期以来制约我国农村金融及涉农金融机构融资活动的一个重大问题。近年来，专业合作社、资金互助社等各类农村组织积极探索开展担保互助业务，从担保层面解决制约农村融资的问题，取得了丰硕成果，比较有代表性的是浙江丽水村级互助担保组织、福建沙县村级融资担保基金、甘肃定西市村级互助资金担保增信计划、宁夏固原村级互助担保基金等。其中，浙江丽水村级互助担保组织，分别确立以村为单位、以合作社为单位、以村行政为单位、以农村产权预期收益来设立基金，该组织自主经营、风险自担，接受与之合作的金融机构的指导和相关职能部门的监管。福建沙县村级融资担保基金以村民自愿出资入股、能人捐资为主，县、乡财政出资为辅筹建，是具有普惠性质的“社区型”农户互助担保基金。甘肃定西市村级互助资金担保增信计划采取“财政扶贫资金 + 央行再贷款 + 信贷资金 + 农户”模式，通过将互助资金作为担保金存入银行，撬动一定比例（5~10 倍）的贷款授信。宁夏固原村级互助担保基金通过设立村级互助担保基金中心，指导各村级互助担保基金中心加强与银行合作，有效缓解农户融资中的抵押物不足问题。

但由于我国的农村互助担保发展时间较短，在制度层面还有待进一步探索，特别对于目前农村担保互助在实践运行过程中暴露出的一些问题和阻碍，需要重点关注和研究。比如，资金来源不足影响可持续发展。农村互助担保的资本金来自于成员入股，是本身经济处于劣势的农户之间的联合。因此，互助担保存在的一大问题就是担保资本金不足，能提供的担保贷款数额不能满足农户融资需求，而且风险资金缺少补偿机制，使其进一步发展受到限制。此外，退出机制不完善。多数互助担保没有退出的约束措施，并且未对农户退出基金前的相关义务等进行明确说明。不能通过市场化运作形式实现自愿解体、自由进退，也在一定程度上影响了各方的积极性。

四、我国规范发展非正规金融和新型农村金融机构的意义

金融是货物交易的延伸，交易过程中产生的信用是金融的基础。我国历史上著名的山西票号是在产业资本的基础上发展起来的，犹太人的发家史也是产业资本与金融资本成功结合的典范。即使在 19 世纪末、20 世纪初我国银行开始出现后的很长一段时间里，也没有专门的银行监管机构。在香港，港币是由几家金融机构代为发行。这些例子说明，所谓的正规金融机构也是非正规金融机构发展的产物，是在总结非正规金融成功经验的基础上成长起来的，正规与非正规的本质差别，仅在于是否为金融监管当局所承认。正规金融的发展逻辑不会也不应该

反过来限制非正规金融的存在和发展，更不是为了限制个人或企业的金融权利，而是应该更好地保障这些权利。

在市场经济较发达的国家，金融市场的进入门槛较低，非正规金融较为少见，但正规金融仍然沿袭了民间金融的一些基本原则。在西方一些国家存在的“教堂之塔”原则就是一个很好的例子。这一原则的大意是：借贷过程中对借款人的了解远比抵押品和法院重要，一个好的金融机构应该是“站在教堂的塔上就能看见你的贷款客户，知道他们在做什么”。

我国对非正规金融的歧视主要源自对国有正规金融的保护，但这样的保护事实上将“孩子”与“脏水”一起泼了出去。目前，非正规金融的存在和新型农村金融机构的发展至少有以下几个方面的重要意义。

第一，由于缺少法律的保护，非正规金融的形成是以个体信用为基础的。个体信用通过文化习俗、地缘关系、血缘关系和人脉、商脉等社会网络关系建立起来，对借款人的名誉、借款人从事的生产经营活动，以及借款人的个人交往关系都有详尽的“记载”。“银背”“合会”等就是以这些“信用平台”为依托发展起来的一种金融组织形式。一些新型农村金融组织形式也借鉴了非正规金融“信用平台”的形式。

第二，非正规金融借助于“分层信息”解决借贷中存在的信息不对称问题。非正规金融可以利用各种非正式的信息场以较低的成本解决信息不对称的问题。通过与当地的社区性组织（如商会和行业协会等）、生产性组织（如农民专业技术协会和生产合作社等）、中间人（如当地有一定声望的社会名流）以及其他信息丰富的组织（如汽车俱乐部、养鸽协会等）区分借款人、甄别贷款项目，降低贷款风险。举例来说，一些农业产业化的龙头企业可以通过其对农户的长期供销关系清楚地了解不同农户的信贷需求，评估贷款的风险，更重要的是，可以通过将货款与归还贷款挂钩的方式降低还款风险。在一些地方开始出现的新型农村金融组织形式——资金互助合作社，也是在其与生产合作社之间的天然合作关系的基础上建立起来的。

第三，非正规金融可以利用“社会资本”替代实物抵押品或法院来保障贷款的安全。在发展经济学中，将社会网络、非正规的组织形式和以社会习俗为基础的非正规合约形式等统称为社会资本，与实物抵押品和法院的作用类似，社会资本是虚拟的抵押品或法院。不同的是，由于社会资本大多约定俗成，比实物抵押品或通过法院解决借贷纠纷的成本要低得多。在经济发展的早期，非正规金融可以解决借贷过程中的事前、事中和事后风险，是一种比正规金融便宜得多的制度安排。在事前，民间金融可以通过各种信息场筛选借款人和贷款项目，防止贷款中的逆向选择（即在给定较高的利率水平下，风险较高的借款人更有可能借款），降低贷款的事前风险。在事中，贷款人可以利用对借款人生产经营活动的了解掌握贷款的用途，防止道德风险（即借款人可能从事对贷款人有害的活动）。在事后，贷款人可以利用“同辈压力”（如坊间的闲言碎语）、“集体惩罚”（如所有民间金融组织联合拒绝对欠款人发放贷款）、“关联博弈”（如抵制与欠款不还的人做生意）等防范借款人的“策略违约”（即恶意拖欠贷款）风险。

第四，非正规金融与正规金融可以形成良性竞争和互补关系。有关研究表明，来自非正规金融和新型农村金融机构的竞争对存款类金融机构治理结构的改进和绩效有正面影响。一方面，竞争可以鼓励正规金融机构的创新；另一方面，存款类金融机构也可以向非正规金融机构和新型农村金融机构学习。国外的经验指出，两者可以相互补充，非正规金融和新型农村金融机构可以利用其信息优势对发展早期的企业进行融资，当这些企业建立起一定的信用记录后，就有可能成为存款类金融机构的客户。在一些地方，也存在着两者组合贷款的现象，分散信贷风险。

第五，非正规金融市场和新型农村金融机构可以成为利率发现机制的一个重要组成部分。非正规金融和新型农村金融机构为借贷双方提供了贴近实际资金供求状况的定价机制，弱化了商业银行垄断的市场地位，拓宽了资金融资渠道，有助于提高银行之间的竞争能力，形成市场化的定价体制，有效解决了资金供求双方的需求，提高了金融市场的资源配置效率，是一种自下而上的利率市场化形式，有助于金融深化。

五、政策建议

迅速发展的非正规金融和新型农村金融机构不可避免地成

为风险监管的薄弱环节，提高监管强度又造成非正规金融，尤其是新型农村金融机构的经营可持续受到考验。在我国金融逐步深化的动态过程中，要对非正规金融和新型农村金融机构的发展进行必要的引导与规制，通过规范使其不断融入农村金融体系，可以有效减少其负外部性，利用其融资优势，更好地服务于实体经济发展。非正规金融和新型农村金融机构融入农村金融体系的关键在于，应认识到非正规金融和新型农村金融机构也是农村金融的重要组成部分。正规金融和非正规金融各有优劣势，非正规金融和新型农村金融机构过分正规化也会有问题。需要在两者之间取得合适的平衡。因此，在发展非正规金融和新型农村金融机构促进金融深化上，提出如下建议。

（一）农村金融改革要重视非正规金融和非审慎监管的持牌新型金融机构的作用

存款类金融机构、非正规金融和新型农村金融机构各有比较优势，一定程度上可以互补，应将非正规金融和新型农村金融机构纳入整个农村金融体系中。存款类金融机构资金实力雄厚，组织制度完善，内控严密，人员素质相对较高，在提供大额和长期贷款方面有优势。非正规金融和新型农村金融机构由于操作简单，有灵活、便利、小规模等特点，以及信息方面的优势，更适合向居民提供零星、小额贷款。当然，我们也必须认识到，非正规金融和新型农村金融机构的优势是相对的，也受到信息、交易成本等因素的制约。这种制约决定了非正规金融和新型农村金融机构活动只能在较小的范围内才有效率。

资金互助组织作为一种新型农村金融机构形式，原本业务范围只限于本村会员以及生产、流通合作组织，可以利用借款人信息的优势，成功降低信用风险，故其可实行非审慎监管。但是其一旦突破地域限制，就可能被要求正规化，增加其经营成本，也会纳入审慎监管。

（二）强化新型农村金融机构的金融监管，应区分审慎监管与非审慎监管

中国农村金融市场并不缺少存款机构，缺的是贷款机构。为此，现阶段应加快制定并出台《放贷人条例》，重点发展非存款类放贷机构，既可满足农村金融需求，也能适应现阶段我国的监管能力。

为解决非存款类放贷机构的后续资金问题，国际经验显示，在小额信贷机构发展早期，权益融资是最主要的形式。随着小额信贷机构的发展，商业借款和其他债务融资工具可以作为权益融资的补充形式。为了帮助小额信贷机构获得银行贷款，可以考虑采取以下措施。要求所有商业银行将其贷款组合的一定比例用于小额信贷机构的再融资（如泰国、印度、尼泊尔和美国的社区再投资法）。再融资一定要以效率为基础，可以通过小额信贷评级的方式增加这些机构的财务绩效透明度。

此外，建议地方金融监管局对小额贷款公司进行金融非审慎监管，如果地方政府的财力允许，可考虑财政出资成立批发

基金，以相对低的利率向评级较高的小额贷款公司提供融资，缓解其资金来源不足的压力。

（三）鼓励正规金融机构利用非正规金融组织的形式

可以考虑鼓励邮储银行等大型金融机构与小额贷款公司的合作，发挥二者的比较优势，形成互补。邮储银行资金充足，但放贷能力不足；一些小额贷款公司在风险识别方面有优势，但资金来源不稳定。故邮储银行可以批发资金为小额贷款公司提供融资，并对合作的小额贷款公司进行监督管理，双方优势互补，形成支持普惠金融发展的合力。同时应尽快出台《非存款类放贷组织条例》，规范邮储银行与小额贷款公司的合作，建立健全监管框架，限制小额贷款公司批发性融资比例以防范风险。

国际上的经验显示，存款类金融机构与非审慎监管的金融组织的合作有助于瞄准目标客户，提供更有效的金融服务。印度国有开发银行就是将非正规农户互助组与正规金融业务结合的成功模式。这一模式开始于 1991 年，通过印度国有开发银行员工及合作伙伴（基层商业银行、准政府机构等互助促进机构），首先对由 15~20 名妇女组成的农户互助组进行培训，培训合格后印度国有开发银行直接或通过互助促进机构对互助组发放贷款。到 2003 年，印度国有开发银行已累计对国内 1 160 万户贫困家庭提供贷款，覆盖了全国近 20% 的贫困家庭。

第八章　公共财政、金融支农与农村金融改革

本章通过2004年对贵州省及其样本县农户和金融机构进行问卷调查和分析，得出了一些实证性的结论。一方面，如果贫困地区公共财政未发挥应有作用，健全的农村金融体系将无法建立；另一方面，将农村金融机构作为支农的工具，将进一步扭曲农村金融体制。分析表明，只有让公共财政发挥应有作用，才能进一步改革农村金融体系，形成商业可持续的农村金融体制。尽管这些调查研究分析是十多年前做的，但研究结论对当前的农村金融改革仍有借鉴意义。

改革开放以来，我国为了实现赶超战略优先实现工业化和城市化，政府将有限的资源集中在城市和重点项目。在一个完全由有效的市场进行资金配置的体制下，资金的流动将由投资的回报率决定。一个地区的投资回报率较高，则资金就会流入到该地区，反之则亦然。我国由于公共财政资源在城乡之间投入不同，进一步加剧了农村资金和劳动力大量流向城市。在公共财政资源缺位的情况下，为扶持农业部门的发展，农村金融机构承担了支持“三农”的重任。但随着21世纪初农村金融机构大面积亏损

暴露，农民贷款难的问题日趋严重，农村资金外流和农村信贷资金不足已成为阻碍我国农村经济发展的主要障碍。

早在 20 世纪 70 年代初，有学者就发现，一些发展中国家的政府为了早日推进工业化，往往对金融部门采取金融抑制政策。此外，政府出于纠正市场失灵或者弥补财政赤字等原因也会对金融市场进行干预和抑制。这种双重约束导致的结果就是金融市场萎缩，金融机构经营效益低下，广大农户和中小企业得不到必要的生产和发展资金，使经济增长踯躅不前。政府使用包括低利率政策在内的干预还会造成普遍的信贷配给，政府能够满足的往往只是重点发展的现代部门和国有大中型企业，以及有关系的富裕农户的资金需求，而为数众多的小企业、小商业和农户被关在正规金融市场的门外。正如研究发展经济学的学者指出的，选择性的信贷政策造成了稀缺资源的低效配置和金融机构的低效运行。

2004 年 7 月，我们在贵州省分别选取经济状况好、中、差各两个县组织了大样本调查。六个县中，凤冈县和湄潭县是从经济状况较好的遵义市抽取的，台江县和丹寨县所在的黔东南苗族侗族自治州属贵州省中等收入的市级地区，大方县和织金县所在的毕节地区是贵州经济状况最贫穷的市级地区。调查对象包括农村家庭、农村金融机构和当地基本经济情况。其中农户的问卷调查委托当地农调队进行，金融机构的调查由当地人民银行县支行进行。通过贵州省及其六个样本县的例证，本章分析了由于财政公共品供应不足，导致金融财政化现象严重，以及将金融机构作为支持“三农”的工具，进一步造成农村金融机构道德风险突出，农村金融市场缺乏竞争和创新动力，农村金融无法适应农村实体经济结构变化的要求等问题。在此实证的基础上，本章最后给出了解决这些问题的政策建议，对当前的农村金融改革仍有借鉴意义。

一、贫困地区农村金融机构的经营环境

自20世纪90年代中期以来，由于公共财政在城乡之间投入分布的不均衡，我国农村特别是中西部地区农村的资金和劳动力的流动呈现以下特征：农产品市场价格长期低迷和不稳定，加上小规模自给自足的农户极低的劳动生产率，以及乡镇企业大量倒闭，迫使大量民工外出打工，但其挣得的钱汇回后存在农村金融机构，又通过农村金融机构购买国债、拆借、上存资金和转存人民银行等方式回流到东部发达地区和大城市。

与此相对应的是，我国中西部地区的地方财政尤其是地（市）、县级以下的财政，目前大多为“吃饭”财政，相当一部分地区常年依靠财政补贴维持政权运转。在当前的财力分配格局中，中央和省级政府掌握了主要财力，县、乡政府财力薄弱却承担了绝大部分义务教育的经费。2000年，农村人均卫生事业费仅为城市人均卫生事业费的27.6%。广大农民缺乏基本医疗保险制度的保障，许多贫困家庭陷入了贫困致病、因病致贫的恶性循环之中。按照现行的财政体制和投资体制，中央政府投

资和省级政府投资主要负责大中型基础设施项目，很难直接覆盖到广大乡村，农村中小型基础设施项目建设的职责在基层的县（市）和乡镇政府。但是，县、乡政府的财力显然又无法承担此项职能。

国家统计局的资料表明，2003 年贵州省财政支出为 332.4 亿元，是其当年财政收入 124.6 亿元的 2.7 倍，通过财政转移支付等渠道的资金净流入高达 210 亿元。2003 年贵州样本县的财政收入和支出结构见表 8.1。贵州各样本县财政支出的 60%～80% 主要依靠转移支付。在六个样本县中，有四个存在债务问题。而财政开支中，有四个县的人头费超过 80%，两个超过 60% 乡镇财政则更是“吃饭”财政，沉重的乡村债务已成为影响当地农村金融机构商业可持续发展的重要因素。样本县的乡村债务金融化已经相当严重，乡村债务的绝大部分是欠信用社的。乡村债务的存在可以说已经实质性地影响到了农村金融机构的正常运营。

表 8.1 2003 年贵州样本县的财政收入和支出结构（单位：万元）

	湄潭	台江	织金	丹寨	大方	凤冈
1. 可支配财力（即地方财政收入）	14 421	10 497	32 360	10 153	30 318	14 421
其中补助收入部分（上级财政对县市财政转移支付和税收返还）	10 440	8 872	21 760	8 960	19 227	10 440
2. 财政总开支	19 627	10 445	32 515	10 081	30 153	16 446
其中：人员工资	9 678	5 457	15 330	5 059	18 602	9 529

续表

	湄潭	台江	织金	丹寨	大方	凤冈
日常运转经费	4 468	2 611	4 994	3 511	6 060	2 973
公共建设（道路、水利、支农等）	1 222	2 377	5 921	1 511	5 941	3 744
其他（如债务等）	4 259	—	6 270	—	1 032	200

注：人员工资与日常运转经费两项之和即为通常所称的人头费。

这种财政资金不足由金融机构来填补的做法严重影响到了金融机构的贷款质量。表 8.2 的数据表明，在一些县的金融机构中，由政府债务产生的不良贷款高达 80% 以上，如果考虑到已经形成呆账贷款的部分，实际不良贷款的比重可能更高。而更进一步的问题是，不少项目是由政府牵头、企业出面贷款进行的公共设施建设。这样的项目也形成了大量的不良贷款，是“金融财政化”的典型表现之一。金融与财政之间的这种互相渗透，不仅导致了金融机构的道德风险，也助长了政府部门的道德风险，其结构是以巨额不良贷款为代价换来了低效率的政府部门，实际上是资源的双重浪费。

表 8.2　金融机构中与政府相关的不良贷款占比（%）

	大方农行	凤冈农行	台江农行	湄潭农村信用社	大方工行
与政府相关的不良贷款占所有不良贷款（仅包括呆滞和逾期）的比重	2.1	84.1	90.8	0.8	20.2

注：台江为 2002 年数据，其他为 2003 年数据。

在我国农村地区，尤其是中西部农村地区，突出的问题不仅表现在缺乏健全的乡镇财政体系，而且表现在教育、医疗等方面的财政资源也严重供应不足。如表 8.3 所示，在样本县农户的贷款用途中，上学和看病占农户借款的 29.7%。尽管教育投资对于家庭非常重要，对于国家整体进步也同样如此，但从教育投资上短期获得的直接收益较低。因此，政府应该对贫困地区的初中和小学教育进行更多的投资，并建立起农村合作医疗系统。这对中国贫困地区金融体系的可持续发展必有好处。

表 8.3 被调查农户回答 2001 年以来最大的三笔借款用途

贷款用途	笔数	占比（%）	平均金额（元）	贷款期限（年）
看病	43	13.7	1 836	7
上学	50	16.0	2 734	17
建房	37	11.8	9 151	13
外出打工	4	1.3	863	6
其他	179	57.2	6 905	12

注：农业银行的数据既包括城市也包括农村，我们可以从其贷款结构分析其在农村的贷款。

如表 8.4 所示，在被调查的 1 032 家农户中，有 341 户家庭将看病列为 2003 年最大的三项开支之一，看病开支占农户开支的 8.8%，有 588 户农户将小孩学费列为 2003 年最大的三项开支之一，其开支占农户总开支的 17.1%，从资金来源看，农户主要是依靠平时的收入积累。回答看病的农户中有 8.2% 的家庭其看病费用来源于正规金融机构的借款，同样有 8.2% 的家庭看病费用来源于民间借贷。小孩学费支出也被列为2003年最大的三项开支之一。在被调查农户中，有5.3%依靠金融机构借款解决学费问题，有12.1%的农户通过民间借贷解决。从问卷关于农户存款计划的另一个问题看，教育支出为存款的第一项最主要的用途，其中，上学是75.1%的家庭的三大用途之一。有10.1%家庭的存款为看病。

表8.4　被调查农户2003年最大的三项生活开支

开支 1/2/3	看病				上学			
	金额（元）	/总金额（%）	笔数	/总笔数（%）	金额（元）	/总金额（%）	笔数	/总笔数（%）
金额	420 115	8.8	341		818 047	17.1	588	
自有资金	284 568	67.7	285	83.6	588 910	72.0	486	82.7
银行贷款	500	0.1	1	0.3	21 300	2.6	7	1.2
信用社	55 600	13.2	27	7.9	52 087	6.4	24	4.1
民间借贷	79 447	18.9	28	8.2	155 750	19.0	71	12.1

尽管中央政府对于我国贫困农村地区的转移支付和通过外出打工流入的资金远超过资金外流，尤其是近年来实施西部大开发战略，财政在交通、义务教育和清洁水等方面投入很多，但由于农村社会保障制度不完善，基层财政体制不健全，教育和医疗公共财政支出仍然缺口很大，农村金融机构不得不承担起部分财政职能。这说明农村金融机构商业化、市场化运作的环境还远未形成。这样，一方面混淆了金融机构的商业职能和政策性职能，造成了农村金融机构严重的道德风险；另一方面由

于当地经营环境恶劣，使农村资金通过金融机构以各种形式逃离农村地区，金融机构的经营行为扭曲。

二、农村金融机构的经营行为

农村金融机构的经营环境直接影响到了金融机构的行为。我国现有的农村金融体制成形于计划经济时期，在过去 20 多年的经济金融改革中虽然对农村金融的制度安排进行了局部改革，但仍然维持了改革初期的基本结构。这一结构的主要特点有以下两个方面。第一，农村金融仍然是政府（通过低利率和资金支持）支援农村经济发展的主要融资工具，经济越落后，越依赖于这一工具，金融财政化的程度也越高。在许多贫困农村地区，农村金融机构的信贷被用于农户看病、小孩上学和支付乡村干部工资等。第二，由于高度金融管制，金融市场缺乏竞争，也没有足够的弹性和创新动力，不能适应实体经济结构变化的要求，而金融机构的商业化进一步加剧了贫困地区贷款难的问题。将农村金融机构作为金融支农工具产生了三重道德风险：一是农信社没有破产风险，在“支农”名义下经营亏损；二是利用解决“历史包袱”的借口，地方政府和农村金融机构向中央政府漫天要价，又不能解决根本性的体制问题；三是农村金融机构利用政策性业务和商业性业务的交叉，以“支农”的名义要中央银行资金。

以下我们分别分析目前扭曲的经营环境对不同农村金融机

构经营行为的影响，包括农业银行、邮政储蓄、农业发展银行和农村信用社。

（一）农业银行

近年来，随着银行商业化改革的加快，农业银行在机构设置和资产业务方面进行了大规模的转型。农行大量撤并了基层网点，仅2001—2004年贵州省农行的网点就从598个减至394个，贷款逐步转向大城市、大项目。在西部大开发背景下，农行在贵州省的中长期国债项目的贷款逐年增加，主要用于城市交通基础设施建设投资，在农村地区的项目投资很少。同时，农业银行新增短期贷款中，农业贷款和乡镇企业贷款却呈逐年下降态势。2003年贵州省农业银行发放的农业贷款和乡镇企业贷款占总贷款的比例不足3%。扶贫贷款也转向项目贷款，而不是直接发放贷款给农户，事实上产生了农村金融市场的不平等竞争。从我们的调查情况看，在选取的样本县中，2003年除了台江县由于一条高速公路配套贷款导致农行贷款大幅度增加之外，有3个县的农业银行贷款余额出现大幅度下降，两个县的贷款几乎没有增长。随着农业银行在贵州除国债项目以外的贷款逐步减少，农业银行累放贷款的回收率从2000年的90.26%降至2001年的76.32%、2002年的78.18%和2003年的69.84%，2003年的回收率为农行在全国各省市的倒数第三位。

（二）邮政储蓄

农村邮政储蓄迅猛发展，已成为农村金融资源转移的重要渠道。由于邮政储蓄在人民银行的转存利率高于信用社，使一些地方邮政储蓄以不正当竞争的方式吸收存款，通过邮政储蓄从农村抽取资金的速度不断加快，2002 年全国农村邮政储蓄达到 1998 年的两倍多。从贵州省情况看，2000—2003 年贵州邮政储蓄存款从 45.23 亿元增加到 88.71 亿元，其中县以下储蓄存款从近 8.5 亿元增加到近 21.6 亿元。由于目前在部分农村县以下地区具有储蓄功能的金融机构网点只有邮政储蓄和农村信用社，因此越贫困的地区邮政储蓄抽逃当地资金的速度就越快。我们调查的 6 个样本县中，经济较发达的湄潭县和凤冈县邮政储蓄存款增长额只有信用社存款增量的三分之一左右，而在最贫困的大方县和织金县，信用社的存款出现下降，但邮政储蓄的存款出现大幅上升。贫困地区邮政储蓄迅猛发展已直接影响了信用社的资金来源，并进一步影响到农村信用社的贷款能力。

自 2003 年 8 月 1 日起，人民银行下调了新增邮政储蓄转存款利率，邮政储蓄新增存款转存人民银行的部分，按照金融机构准备金存款利率（年利率为 1.89%）计息，此前的邮政储蓄老转存款暂按原转存款利率计息（年利率为 4.131%），同时允许邮政储蓄新增存款由邮政储蓄机构在规定的范围内自主运用。由于公共财政在农村未发挥应有作用，农村金融机构无法商业运营并可持续发展，邮政储蓄也不愿意将资金以协议存款形式给农村金融机构使用。

（三）农业发展银行

农业发展银行成立初的贷款业务范围主要包括：粮、棉、油等主要农副产品国家专项储备贴息贷款，收购、调销、批发贷款，粮棉油加工企业贷款，扶贫贷款，老少边穷地区发展经济贷款，贫困县县办工业贷款，农业综合开发贷款等。1998 年 3 月，为适应粮食流通体制改革需要，国务院决定农发行专门履行粮、棉、油等主要农副产品收购资金封闭管理；原农发行承担的农业综合开发、扶贫以及粮棉加工企业和附营业务贷款等职能划转有关国有商业银行。2001 年后，随着粮棉流通体制改革的深入，农发行购销信贷业务明显下降。调整农发行的职能和管理体制已摆上议程。目前，由于农发行垄断了政策性业务，使国际上通常由开发性金融机构承担的农村金融市场中长期贷款供给方面存在空白。从农发行在贵州省的贷款情况看，贷款余额已从 2000 年的 66.39 亿元逐年下降为 2003 年的 58.55 亿元，净减少 7.84 亿元。其中，中长期贷款比重很低，2000 年仅 0.68 亿元，2003 年进一步降至 0.50 亿元（见表 8.5）。这反映了农发行作为政策性银行在贫困农村地区的作用在进一步削弱。

表 8.5　贵州省农村金融机构贷款结构表（年末余额）

（单位：亿元）

	2000 年	2001 年	2002 年	2003 年
农业发展银行				
各项贷款	66.39	62.71	59.41	58.55

续表

	2000 年	2001 年	2002 年	2003 年
1、短期贷款	65.71	62.08	58.84	58.05
其中：收购贷款	65.59	61.87	58.49	57.70
2、中长期贷款	0.68	0.63	0.57	0.50
农村信用社				
各项贷款	71.17	92.19	125.50	148.59
1、短期贷款	66.84	86.25	116.37	137.86
其中：（1）农村贷款	44.10	57.95	83.89	98.03
（2）乡镇企业贷款	7.64	8.94	9.20	10.12
2、中长期贷款	4.33	5.89	9.12	10.72
人行再贷款	5.51	11.37	24.00	24.81
农业银行 *				
各项贷款	314.14	340.54	365.85	424.92
1、短期贷款	147.47	127.34	130.77	135.17
其中：（1）工业贷款	9.46	10.04	16.84	27.80
（2）农业贷款	8.18	7.03	6.42	6.08
（3）乡镇企业贷款	6.81	6.65	6.19	6.15
2、中长期贷款	156.29	199.96	227.89	259.12

注：农业银行的数据既包括城市也包括农村，我们可以从其贷款结构分析其在农村的贷款。

（四）农村信用社

随着农业银行在乡镇网点的减少以及合作基金会等非正规金融机构的关闭，农村信用社已成为农村信贷资金的主要供给者。2000—2003 年，贵州农村信用社贷款从 71.17 亿元增加到 148.59 亿元，净增 77.42 亿元；其中，农村贷款从 44.10 亿元上升到98.03亿元，净增53.92亿元。然而，农村贷款中40%以上的资金来源于人民银行再贷款，三年间人民银行再贷款从5.51亿元增加到24.81亿元。一些地区的农村贷款甚至完全依靠人民银行再贷款来发放。

那么，农村信用社的贷款能力是不是因资金来源的限制而遭到削弱呢？从我们调查得到的情况看，随着农户外出打工收入不断增多，农户存款增加很快，信用社的存款也得到大幅增加，一些信用社甚至出现了闲置资金。如2003年湄潭县信用社存款增加了7 000多万元，闲置资金近1亿元，还拆借出部分资金；凤冈县、台江县信用社存款也分别增加4 000万元和1 400万元。尽管存款大幅度增加，但信用社却不愿相应增加贷款，从而导致农村市场的信贷供给不足。

如表8.6所示，农村信用社的利息收入占到其营业收入的70%以上，但即便如此，利息收入也无法抵补利息支出、营业费用和呆账准备的提取。利息收入/（利息支出+营业费用+应提呆账准备）这一指标是反映信用社房贷业务可持续性的指标，该指标大于或等于1才具有可持续性。而2001在贵州该指标为28.6%，2003年为40.8%，反映出农村信用社盈利能力很低。显然，在缺乏商业可持续发展的环境下，农村金融机构的不良贷款也很高。而对一些缺乏还款来源的贷款，如教育和看病等，即使提高贷款利率，其结果也无非是进一步提高贷款违约率，造成不良贷款的增加。

表 8.6　贵州省 49 家农村信用社的收入支出平均水平（单位：%）

	1999 年	2000 年	2001 年	2002 年	2003 年
利息收入 / 利息收入	100.0	100.0	100.0	100.0	100.0
利息收入 / 营业收入	94.5	71.6	93.5	78.3	75.9
利息支出 / 利息收入	48.0	29.0	26.0	19.0	20.0
营业费用 / 利息收入	71.0	56.0	60.0	48.0	61.0
呆账准备 / 利息收入	2.0	3.0	5.0	8.0	29.0
应提呆账准备 / 利息收入	223.0	227.0	264.0	204.0	164.0
利息收入 /（利息支出 + 营业费用 + 应提呆账准备）	29.2	32.1	28.6	36.9	40.8

三、金融支农的实际效率

在公共财政未发挥应有作用的情况下，将金融机构作为支农的工具，效率低下，道德风险严重。支持“三农”很重要，但金融不能也不应代替财政职能。金融承担过多的财政职能，扭曲了经营者的激励机制，不但无法完成支持“三农”的任务，而且造成资源的大量浪费和损失；农村金融机构不但未达到金融支农的政策目的，反而成为农村资金外流的渠道，成为亏损、贪污、在职高消费的载体。

农业银行和农村信用社均存在政策性业务与商业性业务混合的问题。如农业银行从事农业综合开发贷款和扶贫贷款（实际上，近年来农行已不发放到户扶贫贷款），农村信用社利用人民银行的支农再贷款发放小额信用贷款。政策性业务与商业性业务混合，难以分清农村信用社和农行的历史包袱哪些是政策性因素造成的，哪些是自身经营不当形成的，道德风险严重。目前农村信用社从产权到管理，实际上掌握在农村信用社主任手里，信用社内部人控制严重，又无破产约束，导致信用社主任和职工吃完利润吃存款，不承担经营亏损责任。

在实地访谈时，我们向信用社主任问了两个问题。第一，如果这个信用社是你所有，是否按现有的方式经营？我们所得到的答案是否定的。第二，如果这个信用社是你的，能不能挣钱？答案都是肯定的。贫困地区信用社不良贷款形成中，有不少是由于道德风险引起的，也有不少与政府干预和农业风险有关。但由于信息不对称，很难判断不良贷款的形成是合理风险形成的，还是人为因素造成的；也很难知道信用社的亏损是信用社主任的在职高消费造成的，还是经营成本过高造成的。信贷支农是道德风险的避风港，只要是农户贷款产生的风险，信贷人员一般都不承担责任。信贷支农是道德风险的避风港，只要是农户贷款产生的风险，信贷人员一般都不承担责任。更为关键的是，面对农信社的巨额不良贷款，没有一个人为此发愁。由于信用社的责权利不一致，经营者无须承担责任，奢华消费、增加信用社职工工资就成为农信社的普遍现象。2000—2004 年，样本县农信社的人均营业费用一直不断上升，从 2000 年的人均 4 万多元上升到 2004 年的人均 7 万多元。

在贫困地区，正规金融效率的低下，造成非正规金融成为当地农村金融的主要供给者。表 8.7 列举了样本家庭在 2003 年的借款来源。农村家庭从他们的亲戚、朋友和邻居处借款最多，接下来是从信用社借款，从国有商业银行借款的农户数不到样本家庭总数的 15%。

表 8.7 样本家庭在 2003 年的借款来源

借款来源	笔数 / 价值	占百分比（%）
总借款笔数	381	100.0
从亲戚朋友邻居处	244	64.1
在国有银行	18	4.7
在信用社	119	31.2
总的平均借款 1（人民币）	1 910.6	100.0
从亲戚朋友邻居处	873.1	45.7
在国有银行	245.4	12.8
在信用社	792.1	41.5

注：平均价值是指所有样本家庭的平均水平。

如果说传统的农村金融体系曾经支持了中国农村经济的发展，那么这种“透支式”的金融支持方式已经很难再持续下去了。农村金融改革的滞后不仅不能继续支持农村经济的发展，其低效率还可能会成为农村经济发展的障碍。因此，全面改革传统农村金融体系已经刻不容缓。

四、政策建议

农村金融市场不能有效运行的首要原因是没有一个良好的政策环境。在我国贫困地区，公共财政需发挥其应有的作用，农村金融才能正常运行。贷款的用途与还债能力有紧密的联系，如果金融信贷资金被大量用于非生产性支出，如治病、教育等，那么贷款质量低也就无法避免。因此，政府应该对贫困地区给予更多的财政投资，来完善农村社会保障体系，以有利于贫困地区金融机构的市场化运作和可持续发展。为此，提出以下政策建议。

第一，健全农村公共财政体系。一是通过农村公共财政直接投资以改善农村的投资环境，提高农村的技术水平，以及对一些经济行为给予补助。二是逐步完善农村社会保障体系，改变目前我国长期存在的只有城市干部职工才能享受社会保障的状况。农村社会保障体系不仅包括居民生活补助和救助，基础的生产生活设施和文化教育支出，还包括对农户个体生产及合作组织的补助。

第二，建立农村金融机构信贷风险分散机制，降低农村金融机构经营成本，创造其商业化经营的政策环境。应鼓励各种形式的金融创新，解决农户和中小企业贷款担保难和抵押难的问题；发展大宗农产品期货；建立符合我国国情的低成本、高效率的农业保险制度；降低农村金融机构经营税率，逐步放开农村金融市场利率。

第三，开放农村金融市场，在贫困地区探索适合当地的金融组织形式。健全的农村金融体系应是一个有生命力的系统，而不是一个僵化的机构组合，既要有新的金融机构产生，也要把有问题的金融机构清除出金融市场。单单依靠农村信用社这一组织形式无法满足多元化的农村金融需求，只有多元化的金融机构才能适应当地金融需求。因此我国农村金融改革最关键的一步就是要打破农村金融市场的垄断格局，建立一个有效竞争的农村金融体系，同时建立存款保险制度，构建金融机构的市场退出机制。

在贫困地区，现有农村信用社模式是一个非常昂贵的组织形式。贫困地区的信用社人均费用甚至超过一些东部发达地区，这样的制度安排在贫困地区过于奢侈。稳步开放农村金融市场，就是要建立商业可持续的农村金融机构。必须采用市场化的方式改革农村信用社，鼓励农村信用社兼并重组和跨区经营；要促进小额信贷组织的发展；探索真正合作制的金融组织形式；建立真正的民营银行；规范引导民间借贷。

第四，建立引导资金回流农村的有效机制。建立邮政储蓄资金回流农村的市场化机制。通过财政杠杆引导金融资金回流农村，使农村资金流动纳入良性循环的轨道。政策性金融业务也应在财政核定补贴的前提下，通过市场化招标方式，允许各类机构参与，以提高政策性金融的效率。

第五，建立有效的农村金融监管体制。全国统一的监管有利于金融管制，有利于贯彻实施中央的宏观经济和金融政策，但却难以照顾到各地多样化的金融供给和需求。特别是在目前我国金融改革尚未完成，金融创新方兴未艾的条件下，过于集权的金融监管不利于自下而上的金融创新。由于存在着信息不对称，集中监管的监管成本过高，监管当局偏好于监管大型金融机构或建立中间管理层次的方式（如设立省联社）分担监管职能，导致中小金融机构的发展空间受到压缩，不利于竞争性金融市场的全面建立。此外，金融监管的主要目的是防范系统性金融风险，监管垄断却有可能将地区性金融风险或单个金融机构的风险向中央集中。在我国目前金融机构普遍面临预算软约束、市场退出机制缺失、金融监管与管理界限不清的条件下，统一监管可能导致风险过度集中至中央这一级，反而容易形成系统风险。

为建立多样化、有序分层的金融体系，有必要创新监管模式，实施中央和省两级分级监管，同时赋予存款保险公司监管权。分级监管有利于监管竞争和形成一个相对宽松的监管环境，鼓励适合当地经济发展需要的金融创新，更可以分散金融风险，最终达到降低金融系统性风险的目的。今后，可将省联社改革为地方金融监管机构，负责日常监管，金融机构市场准入仍由银监会负责。

总之，农村金融体制改革是一个系统工程，仅靠农村信用社单兵突进无法解决，应该整体规划，全面推进才能取得成功。

第九章　利率政策、农村金融机构行为与农村信贷配置

一、问题的提出

农村资金外流和贷款的不足，是阻碍中国农村发展的主要障碍之一。信贷资金的短缺导致发展高附加值农业投资机会的丧失，并延缓了经济发达地区农业经济结构的调整。在主要农业产区和贫困地区，从正规金融机构获得贷款不足还造成了农村高利贷的日益盛行。“传统的获得农业融资的方式”（例如，对金融机构设置农业贷款的最低额度指标，增加政策性农业贷款的种类和数量，延长农贷的期限并降低利率）已被中国和其他发展中国家证明在改善农村的贫困状况、促进农业发展中效果不佳。

本章通过观察农村金融机构在农村地区存贷款规模的变化，以及这种变化与实际利率之间的关系来考证农村地区的信贷短缺现象。本章认为，20 世纪 90 年代农村金融机构实行商业化改革后，农村正规金融利率结构的扭曲是造成农村地区信贷资金外流的最主要的原因之一。在低利率的政策下，推行农村金融机构的商业化是一种不配套的改革。借助于金融与经济发展理论，本章试图

分析中国信贷政策造成的信贷市场扭曲以及后者对金融中介的效率、农村信贷资金的配置造成的影响。尽管本章是十多年前的研究成果，但对当前的农村金融改革仍有借鉴意义。

发展经济学的学者指出，选择性的信贷政策造成了稀缺资源的低效配置和金融机构的低效运行（Adams、Graham 和 Von Pischke，1984）。尽管相关研究在许多发展中国家广泛开展，然而就作者所知，目前中国还没有有关金融政策和利率结构对资金分配、金融机构效率影响的系统研究，本章试图填补这一空白。本章首先考证了农村存贷款的变化，根据专项调查的结果，对官方有关存贷款统计的数据进行了检验和修正，以便更加清晰地描述至 2005 年 10 年来农村地区金融机构信贷资金供给的变化情况。本章进一步讨论了有关利率政策及其对资源配置和配置效率的影响，并描述了在扭曲的利率和金融市场下农村金融机构的行为。

二、农村信贷资金的外流和农村金融机构低效并存

得益于遍布全国的众多网点和中央政府提供的隐性存款保险机制，农村金融机构在农村资金市场和农村的整个发展历程中扮演着重要角色。因此，农村金融机构的存贷款变化基本上可以反映出农村的资金流动情况。如表 9.1、表 9.2 所示，首先，至 2005 年近 10 年来，尽管农村的存贷款都取得了高速增长，但是农村金融机构存贷比却从 1989 年的 110.9% 下降到 2001 年的 86.3%，表明信贷资金的确是在从农村外流。其次，中国农

业银行在农村金融市场上依然举足轻重，其存贷款余额仍占农村市场的半壁江山。最后，农村邮政储蓄机构的存款增长迅猛，其占比从 1989 年的 0.6% 上升到 2005 年的 16.7%。

表 9.1　1998—2005 年农村存款总量及构成变化情况

年份	存款总量[1]（亿元）	其中：农业银行（亿元）	占比（%）	农村信用社（亿元）	占比（%）	邮政储蓄（亿元）	占比（%）
1989	3 750	2 055	54.9	1 669	44.6	21	0.6
1990	4 830	2 640	54.6	2 145	44.4	46	1.0
1991	6 110	3 315	54.3	2 703	44.3	88	1.4
1992	6 740	3 138	46.6	3 478	51.6	125	1.9
1993	9 010	4 501	50.0	4 291	47.6	215	2.4
1994	11 180	5 174	46.3	5 670	50.7	339	3.0
1995	14 660	6 940	47.3	7 170	48.9	547	3.7
1996	18 480	8 950	48.4	8 790	47.6	740	4.0
1997	22 820	11 320	49.6	10 620	46.5	880	3.9
1998	26 600	13 330	50.1	12 190	45.8	1 080	4.1
1999	30 110	15 490	51.4	13 360	44.4	1 260	4.2
2000	34 280	17 520	51.1	15 130	44.1	1 630	4.8
2001	39 538	20 250	51.2	17 263	43.7	2 025	5.1
2002	47 183	24 796	52.6	19 875	42.1	2 512	5.3
2003	56 749	29 973	52.8	23 710	41.8	3 066	5.4
2004	72 991	34 915	47.8	27 289	37.4	10 787	14.8
2005	81 573	40 369	49.5	27 605	33.8	13 599	16.7

数据来源：中国金融统计年鉴，1990—2006 年。

注：存款总量包括农业银行、农村信用社和农村邮政储蓄的存款；本表的数据都指年末余额数。

* 中国金融年鉴农村邮政储蓄存款为县以下（不含县）邮政储蓄存款，一般来说，近年农村邮政储蓄占邮政储蓄存款的 2/3，这里取农村邮政储蓄存款为邮政储蓄总存款的 60%，此方法测算可能高估以前的存款，低估目前的存款（因为邮政储蓄在农村的网点在不断扩张）。

表 9.2　1989—2005 年农村贷款总量及构成变化

年份	贷款总量（亿元）	存贷比（%）	其中：农业银行（亿元）	占比（%）	农发银行（亿元）	占比（%）	农信社（亿元）	占比（%）
1989	4 150	110.9	3 058	73.6	—	—	1 095	26.4
1990	5 180	107.3	3 774	72.8	—	—	1 410	27.2
1991	6 390	104.6	4 578	71.7	—	—	1 808	28.3
1992	7 920	117.5	5 468	69.0	—	—	2 454	31.0
1993	9 830	109.1	6 565	66.8	—	—	3 262	33.2
1994	9 680	86.6	5 525	57.1	—	—	4 159	42.9
1995	16 470	112.4	6 550	39.8	4 690	28.5	5 230	31.8
1996	20 320	110.0	7 710	37.9	6 250	30.8	6 360	31.3
1997	25 780	113.0	9 810	38.1	8 640	33.5	7 330	28.4
1998	29 100	109.4	13 670	47.0	7 090	24.4	8 340	28.7
1999	32 030	106.4	15 530	48.5	7 270	22.7	9 230	28.8
2000	32 390	94.5	14 500	44.8	7 400	22.8	10 490	32.4
2001	35 452	86.3	16 050	45.3	7 432	21.0	11 970	33.8
2002	39 883	—	18 579	46.6	7 366	18.5	13 938	34.9
2003	45 999	—	22 118	48.1	6 902	15.0	16 979	36.9
2004	52 329	—	25 901	49.5	7 190	13.7	19 238	36.8
2005	54 844	—	28 293	51.6	7 871	14.4	18 680	34.1

数据来源：中国金融统计年鉴，1990—2006 年。

上述分析与事实相符，21 世纪以来至 2005 年农业银行的确将越来越多的贷款投向城市地区，而其在农村地区的年末贷款余额与年末存款余额之差在日益扩大。自 1998 年以来，农业银行在加快商业化进程的同时，其农业贷款和乡镇企业贷款却呈显著萎缩态势（见表 9.3）。农业银行在农村地区贷款的下降使农信社成为农村信贷资金的垄断供应者。尽管贷款余额在上升，但如表 9.4 所示，1991 年以后，作为农村信贷资金的主要供应者，农业银行和农信社的年度贷款累放额超出年末余额的数值逐年递减直至负值，而正是年度贷款累放额而非年末余额决定了贷款供给的实际规模。这一数值的下降还反映出农业银行和农信社不良贷款的增加。为了更清晰地描述农村地区信贷资金供给的变化，表 9.5 中农村信贷资金的供给由农业银行和农信社贷款累放额表示。基于农业发展银行不向农村居民和企业提供生产、投资和消费贷款，因此表 9.5 中未将农业发展银行的贷款计算在农村贷款之内。另外，表 9.4 计算得出的贷款累放额与年末余额的比值系数同样适用于对农业银行农业贷款和乡镇企业贷款累放额与年末余额的比值。

表 9.3　1989—2001 年中国农业银行和农信社贷款结构变化情况

年份	农业银行					农信社				
	贷款总额（亿元）	农业贷款（亿元）（亿元）	占比（%）	乡镇企业贷款（亿元）	占比（%）	贷款总额（亿元）	农业贷款（亿元）	占比（%）	乡镇企业贷款（亿元）	占比（%）
1989	3 060	464	15.2	393	12.9	1 095	523	47.8	572	52.2
1990	3 770	563	14.9	434	11.5	1 413	652	46.2	761	53.8
1991	4 580	695	15.2	498	9.9	1 809	801	44.3	1 007	55.7
1992	5 470	847	15.5	583	9.7	2 454	982	40.0	1 294	52.7
1993	6 570	858	13.1	775	11.8	3 262	657	20.1	1 783	54.7
1994	5 520	877	15.9	938	17.0	4 159	805	19.4	2 277	54.7
1995	6 550	955	14.6	959	14.6	5 234	1 095	20.9	2 779	53.1

续表

年份	农业银行					农信社				
	贷款总额（亿元）	农业贷款（亿元）（亿元）	占比（%）	乡镇企业贷款（亿元）	占比（%）	贷款总额（亿元）	农业贷款（亿元）	占比（%）	乡镇企业贷款（亿元）	占比（%）
1996	7 710	1 202	15.6	1 158	15.0	6 365	1 487	23.4	3 264	51.3
1997	9 810	1 532	15.6	1 519	15.5	7 326	1 774	24.2	3 468	47.3
1998	13 670	1 780	13.0	1 749	12.8	8 340	2 659	31.9	3 761	45.1
1999	15 530	1 743	11.2	1 900	12.2	9 226	3 040	32.9	4 187	45.4
2000	14 500	1 288	8.9	1 413	9.7	10 489	3 588	34.2	4 569	43.6
2001	16 050	1 255	7.8	1 450	9.0	11 971	4 418	36.9	4 843	40.5
2002	19 130	4 417	23.1	—	—	13 938	5 579	40.0	5 141	36.9
2003	22 684	4 569	20.1	—	—	16 979	7 056	41.6	5 696	33.5
2004	25 901	5 746	22.2	—	—	19 238	8 456	44.0	5 989	31.1
2005	28 293	4 509	15.9	—	—	18 680	9 331	50.0	4 555	24.4

数据来源：中国金融统计年鉴，1990—2006 年。

注：农业贷款主要指农户贷款（用于农产品和非农产品生产、农民消费）、农村个体工商户贷款、农业经济组织和购销集体贷款。以上数据为年末余额数。

表 9.4　1989—2005 年中国农业银行和农信社贷款余额和年度贷款累放额

年份	农业银行			农信社		
	年末余额（亿元）	年度累放额（亿元）	年度累放额 / 年末余额（%）	年末余额（亿元）	年度累放额（亿元）	年度累放额 / 年末余额（%）
1989	3 060	—	—	1 095	—	—
1990	3 770	—	—	1 413	—	—
1991	4 580	6 542	142.9	1 809	2 593	143.4
1992	5 470	7 162	131.0	2 454	3 429	139.7
1993	6 570	7 437	113.3	3 262	4 344	133.2
1994	5 520	7 442	134.7	4 159	5 257	126.4

续表

年份	农业银行			农信社		
	年末余额（亿元）	年度累放额（亿元）	年度累放额 / 年末余额（%）	年末余额（亿元）	年度累放额（亿元）	年度累放额 / 年末余额（%）
1995	6 550	7 967	121.6	5 234	6 064	115.8
1996	7 710	10 365	134.4	6 365	7 941	124.8
1997	9 810	11 069	112.8	7 326	8 802	120.1
1998	13 670	10 481	76.7	8 340	7 962	95.5
1999	15 530	10 004	64.4	9 226	8 721	94.5
2000	14 500	9 612	66.3	10 489	9 527	90.8
2001	16 050	11 954	74.5	11 971	11 539	96.3
2002	19 679	13 926	70.8	13 938	14 251	102.2
2003	22 118	19 360	87.5	16 979	19 096	112.4
2004	25 901	20 827	80.4	19 238	22 835	118.7
2005	28 293	25 074	88.6	18 680	24 340	130.3

数据来源：中国金融统计年鉴，1990—2006 年。

表 9.5　1991—2001 年农村存、贷款变化情况

年份	1. 农村存款总额（亿元）	2. 农村贷款年度累放额（农行）（亿元）	2/1（%）	3. 农村贷款年度累放额（农信社）（亿元）	3/1（%）	（2+3）/1（%）
1991	6 110	1 706	27.9	2 594	42.5	70.4
1992	6 740	1 873	27.8	3 428	50.9	78.6
1993	9 010	1 849	20.5	4 344	48.2	68.8
1994	11 180	2 445	21.9	5 258	47.0	68.9
1995	14 660	2 328	15.9	6 061	41.4	57.2
1996	18 480	3 172	17.2	7 943	43.0	60.1
1997	22 820	3 441	15.1	8 799	38.6	53.6
1998	26 600	2 707	9.2	7 965	29.9	40.1
1999	30 110	2 346	7.8	8 718	29.0	36.7
2000	34 280	1 790	5.2	9 524	27.8	33.0

续表

年份	1. 农村存款总额（亿元）	2. 农村贷款年度累放额（农行）（亿元）	2/1（%）	3. 农村贷款年度累放额（农信社）（亿元）	3/1（%）	（2+3）/1（%）
2001	41 060	2 015	4.9	10 870	26.5	31.4
2002	—	4 417	—	6 148	—	—
2003	—	4 659	—	8 211	—	—
2004	—	4 636	—	10 189	—	—
2005	—	4 509	—	10 897	—	—

数据来源：中国金融统计年鉴，1990—2002 年。

注：农村贷款包括农业贷款、乡镇企业贷款和扶贫贷款。由农村贷款余额乘以表 9.4 所列系数得出。因农村信用社 2001 年的贷款累放额无法得到，故 2001 年的系数空缺，此处沿用的是 2000 年的。（其实，第二栏是农行农村 / 农业类贷款额，年鉴上没有农行农业贷款累放额。）

首先，从 1989 年至 2001 年，金融机构在农村地区的贷款累放额与存款余额的比值下降了一半以上，尤其是 1996 年以后下降得更快，主要原因：一是农业银行在信贷投放上进行了重新定位，其投放重点转向了城市地区（农业银行在农村的贷款累放额与存款余额之比由 1996 年的 17.2% 下降到 2001 年的 4.9%）；二是农业银行和农信社不良贷款的递增；三是邮政储蓄吸储规模的扩大。这种下降趋势证实了在农村地区，随着用存款表示的资金来源规模的不断扩张，农村信贷资金需求也在不断扩大，但信贷资金的供给却（严重）不足。也就是说，农业银行和农信社作为农村的主要金融中介，本应成为将农村富余资金引向农村生产投资建设的渠道，而近 10 年来，这种中介作用却在弱化。其次，尽管 1997 年以后农业银行贷款累放额和存款余额比值的进一步下降被农信社贷款的增长部分抵消，但贷款投放相对存款余额的下降却仍呈持续态势。2001 年农村地区的贷款累放额有 84% 是由农信社投放的，也就是说农业银行在向农村居民和企业提供新增贷款中，已成为一个相对次要的角色。

值得注意的是，由于资料的无从获取，表 9.5 得出的结论尚未将贷款借新还旧因素考虑在内，而借新还旧在中国农村金融机构十分普遍，它既影响贷款新增额又影响贷款累放额，会造成后两者的虚增。如果将此因素考虑在内，则贷款比值的下降将更加显著。另一个需要关注的问题是，如果只给出了农村信贷资金总量的变化，则会掩盖地区间的差异，也未揭示可贷资金从更贫困地区流向较富裕地区的趋势，这种趋势是另一个值得深入研究的课题。

农村金融机构的资金优先供应于经济中的某些产业部门是中国有选择的信贷政策的一个重要方面。面向农村的政策性贷款包括（但不局限于）农村粮食生产和收购贷款（主要由农业发展银行发放）、扶贫开发贷款和中国人民银行提供给农信社的支农再贷款。农业发展银行的贷款占农村地区贷款总量的 13% ~ 34%（见表 9.2）。在农业银行和农信社投放于农村地区的贷款总量中，扶贫贷款和支农再贷款的占比自 1995 年以来不断上升。到 2001 年，政策性贷款已占到农业银行和农信社在农村地区总贷款的 10% 左右。毫无疑问，如果不考虑扶贫贷款的快速增长，1996 年以来农村金融机构发放的信贷资金的递减将更加引人注目。1995—2005 年农村政策性贷款发放情况见表 9.6。

表 9.6 1995—2005 年农村政策性贷款发放情况（单位：亿元，%）

年份	农村贷款总额（亿元）	扶贫贷款亿元）	占比（%）	支农再贷款亿元）	占比（%）
1995	7 148	186	2.6	—	—
1996	8 725	243	2.8	—	—
1997	10 377	331	3.2	—	—
1998	11 869	432	3.6	—	—
1999	12 869	575	4.5	156	1.2
2000	13 190	705	5.3	506	3.8
2001	14 676	792	5.4	706	4.8
2002	18 355	901	4.9	—	—
2003	21 548	960	4.5	—	—
2004	24 984	—	—	—	—
2005	23 189	—	—	—	—

数据来源：中国统计年鉴，1996—2006 年；中国农业发展银行年报，1996 年，1997 年。
注：农村贷款总额包括农村信用社的贷款、农业银行发放的农业贷款和乡镇企业贷款；扶贫贴息贷款 1995—1997 年由中国农业发展银行发放，1998 年后由中国农业银行发放；支农再贷款是由中国人民银行提供给农信社的投向“三农”的专有用途贷款，利率优惠。

三、市场扭曲造成的农村金融机构效率损失

20 世纪 90 年代初以来，中国在消除负利率政策引起的金融市场扭曲方面做出了积极的努力。从 1989 年到 1998 年，实际存贷款利率水平都有明显上升（见表 9.7），这反映了中国金融深化的过程（Mckinnon，1973；Shaw，1973）。同时，利率水平的上升也有利于提高农村的储蓄率，增加农村储蓄者的收入，优化农村资源配置。利率结构的改善也使农民和农村经济组织从中受益。存款利率期限结构上不再严重偏向于定期储蓄存款，活期和定期储蓄间的利差不断缩小，有利于维护存款者尤其是

表 9.7　1989—2002 年农村金融机构利率变化情况（单位：%）

	1989.2	1990.8	1991.4	1993.7	1995.7	1997.7	1998.7	1999.6	2002.2	2004.10	2006.8
存款利率											
a）. 活期存款	-12.7	0.1	-1.1	-8.9	-11.2	0.9	4.1	4.1	2.0	-2.0	-0.3
b）6 个月定期	-7.5	4.3	2.4	-3.7	-8.2	3.3	6.7	5.3	3.2	-0.7	1.2
c）. 12 个月定期	-5.5	6.4	4.5	-2.0	-6.4	4.8	7.6	5.4	3.3	-0.5	1.5
d）. 3 年定期	-4.0	7.8	5.2	-0.8	-5.7	5.4	7.8	5.9	3.9	0.4	2.7
e）.5 年定期	-2.4	9.2	5.9	0.6	-5.1	5.8	8.0	6.1	4.1	0.0	3.1
f）= e−a	10.2	9.2	7.0	9.5	6.1	4.9	3.9	1.9	2.1	2.0	3.4
贷款利率											
g）. 6 个月	-5.5	6.4	5.1	-3.7	-4.1	6.8	9.4	8.8	6.4	2.4	4.5
h）. 12 个月	-5.5	7.1	5.6	-2.0	-2.4	7.8	9.8	9.1	6.7	2.7	5.1
i）. 农业生产	-5.5	6.1	4.7	-2.8	-3.2	6.9					
j）. 扶贫贴息	-12.7	0.8	0.0	-9.1	-10.4	2.1	5.6	6.2	4.4	0.2	2.0
k）= h−c	0.0	0.7	1.1	0.0	4.0	3.0	2.2	3.7	3.4	3.2	3.6
l）=h−I	0.0	1.1	0.9	0.8	0.8	0.9					
m）= h−j	7.2	6.3	5.6	7.2	8.0	5.7	4.2	2.9	2.3	2.5	3.1
通货膨胀率（p）	17.8	2.1	2.9	13.2	14.8	0.8	-2.6	-3.0	-1.3	2.8	1.0

数据来源：中国金融年鉴，中国人民银行网站。

注：实际利率计算公式：r=（i−p）/（1+p），其中 r 为实际利率，i 为名义利率，p 为物价总指数。

活期存款者的利益（Fry，1995）。贷款利率方面，法定基准利率和扶贫贴息贷款之间的利差已由1989年的7.2%缩小为2006年的3.1%，1998年还取消了农产品贷款优惠利率。而一年期存贷款之间利差的扩大，也为农村金融机构提供了更大的盈利空间。

上述利率调整措施是政府用来控制通货膨胀的积极手段，从另一层面看，也是政府关于利率政策改革的有意调整。20世纪90年代以来，人民银行有步骤地放松了对利率的直接管制，并首先在农村推行利率市场化改革。改革的总体思路为，先放开贷款市场利率和债券市场利率，再逐步推行存贷款利率的市场化。存贷款利率的市场化按照“先外币、后本币；先贷款、后存款；先长期、大额，后短期、小额”的顺序进行。改革的重心是不断扩大利率浮动区间，从而使金融机构，包括农村金融机构享有越来越大的自主制定利率水平的权限。1992年，人民银行允许国有银行及其他国有金融机构对流动资金贷款在法定利率基础上最高可上浮20%，最低可下浮10%。1996年6月1日，取消了银行间货币市场利率限制，实行由供求关系决定的市场化利率。1998年，对小型企业贷款利率最高上浮幅度由10%扩大为20%，农信社贷款利率最高上浮幅度由40%扩大为50%。1999年，各金融机构（不含农信社）县以下（不含县城）营业机构贷款利率最高上浮幅度扩大到30%，各商业银行、城市信用社对中小企业的贷款利率最高上浮幅度由20%扩大到30%。2002年，人民银行选取了8个县的农信社进行利率市场化试点，其贷款利率最高可上浮100%，同时存款利率首次被允许上浮50%（实际执行只允许上浮10%）。到2003年4月，试点地区扩大到全国的92个县。

2003年底，中国人民银行下发《中国人民银行关于扩大金融机构贷款利率浮动区间有关问题的通知》，规定从2004年1月1日起，农信社贷款利率的浮动区间上限扩大到贷款基准利率的2倍。贷款利率浮动幅度扩大，有利于农信社根据借款人的风险和效益状况等因素区别定价，进一步加大对“三农”经济发展的支持力度。

2003年4月以来，利率市场化的步骤明显加快。2003年8月，人民银行在推进农信社试点的同时，允许试点地区农信社的贷款利率上浮不超过贷款基准利率的2倍。2004年1月1日，人民银行决定将商业银行、城市信用社的贷款利率浮动区间上限扩大到贷款基准利率的1.7倍，农信社贷款利率的浮动区间上限扩大到贷款基准利率的2倍，金融机构贷款利率的浮动区间下限保持为贷款基准利率的0.9倍不变，同时明确了贷款利率浮动区间不再根据企业所有制性质、规模大小分别制定。2004年10月29日，人民银行报经国务院批准，决定不再设定金融机构（不含城乡信用社）人民币贷款利率上限，仍对城乡信用社人民币贷款利率实行上限管理，但其贷款利率浮动上限扩大为基准利率的2.3倍。所有金融机构的人民币贷款利率下浮幅度保持不变，下限仍为基准利率的0.9倍。至此，中国金融机构人民币贷款利率已经基本过渡到上限放开，实行下限管理的阶段。

然而，贷款利率的上浮仍不足以抵补农村金融机构的经营风险和资金成本，也不能使它们获得足够的发展空间，农村金融市场的扭曲依然存在。尽管农村的正规金融市场上实际贷款利率在不断提高，但仍然大大低于非正规金融市场上的水平（通常在年利率的 20%～25%），也低于小额信贷机构的贷款利率。根据社科院扶贫社在河南、河北发放农村小额信贷的经验，在这些地区发放贷款的资金成本为 2% 左右，贷款到期归还率为 95% 左右，如果确定每年贷款损失率为年末贷款余额的 3%，那么贷款利率要在 15% 以上才能维持小额信贷机构的正常经营。这一水平高于农信社目前能够收取的最高利率（年利率 13% 左右）。而且，像扶贫社这样的小额信贷机构，没有历史包袱（如历史坏账和历史上累计的亏损），也没有税务负担，贷款收回率还大大高于信用社的平均水平。考虑到这些因素，作者根据小额信贷机构的实际利率测算出了农村金融机构的保底贷款利率（见表 9.8）。测算值的计算是以作者 2001 年、2002 年和 2005 年在山西、安徽，江苏和内蒙古，以及河南的调查为基础的。需要注意的是，表 9.8 中列出的成本测算值是根据这三个地区管理较好的信用社经营情况得出的，同时没有考虑农信社的资金机会成本（年率在 3% 以上）和历史包袱。（该测算值同样适用于农业银行在农村的分支机构。）如表 9.8 所示，沿海发达地区的农信社平均要有 9.5% 以上的贷款利率才能补偿运作成本，绝大多数中部地区农信社要有 14% 的利率水平，而在西部贫困地区的信用社则需要收取 19% 的贷款利率。考虑到农信社还需要弥补历年累积的经营亏损、坏账损失，要向社员分配红利，并提取一定的发展基金，故实际利率应高于上述测算值。关于中国不同地区的农村金融机构保底利率的计算还需要采集更多的样本，以作进一步的推算和分析。

表 9.8　农村金融机构贷款成本及保底贷款利率测算（名义利率，%）

项目	沿海地区	农业主产区	贫困地区
资金成本	2.5	3.0	3.5
经营成本	3.0	5.0	7.0
贷款损失	4.0	6.0	7.0
最低贷款利率	9.5	14.0	19.0

注：以上数值的计算以下列假设为基础。不考虑历史坏账和其他包袱；不考虑利润；不考虑资本金投资的机会成本，事实上，大多数农村信用社的资本金都已被侵蚀殆尽；经营成本包括资产折旧和营业税；测算的贷款损失率是根据不良贷款中一逾两呆占比和逾期期限计算得出的。机构的选取比率：沿海地区占 15%～20%，农业主产区占 55%～65%，贫困地区占 20%～25%；2006 年起农信社贷款最高利率可上浮到 13.45%。

21 世纪初在我国农村，农业生产经营方式是以家庭为基本生产单位的模式，并且在今后很长一段时期仍将会以这一模式为主导，这是由我国农业生产力的发展状况和庞大的农村人口基数所决定的。这一模式的基本特点是规模小，组织化程度低，抗风险能力弱，一旦遇到较大的自然灾害或农产品市场价格的大幅波动，农业生产将受到很大影响。而对农信社来说，作为一个以赢利为目的的金融企业，投入资金的安全性、效益性和流动性是其首要考虑的因素，由于当前农业生产经营方式的高风险、低收入，导致农信社往往会高估农业经营的风险，而农户由于对市场缺乏必要的了解，对市场前景没有一个清晰的判断，往往会低估农业经营的风险。这样二者就会产生明显的矛盾，其结果要么是农信社“惜贷”，要么是农户“盲贷”，从而难以使有限的小额信贷资金充分发挥其效用。

以上研究结果对农村金融机构的经营颇有针对性。第一，在高经营成本和高贷款风险下，低利率加剧了农村金融机构的经营亏损。第二，贷款低利率导致机构和员工的费用开支不足，增加了不良贷款的发生。作者在山西、贵州的调查了解到，由于经费不足，农信社员工没有下乡津贴，因此他们都不愿意深入到村里了解借款人的详细情况，也不愿意事后对贷款的具体使用实施监管。而农信社亏损和不良贷款的增长又进一步削弱了其向农民和农村企业提供贷款的能力。第三，农村地区贷款的高交易成本和高风险，再加上低利率政策，致使金融机构不愿意在农村地区发放贷款。此外，低贷款利率还加剧了农信社由于产权不明、管理不善而已经十分严重的道德风险，农信社很容易将管理原因造成的不良贷款和经营亏损归因于推行低利率政策的结果。

具有讽刺意味的是，低利率并没有给农村的借款人带来多少收益，因为对他们来说，利率只占其借款成本的一小部分（Adam 和 Nehman，1979）。作者在农村的调查了解到，农民的贷款成本主要包括：给信贷员的礼物和回扣，为贷款来回奔波所花的时间、路费，非自愿缴纳的信用社社员会费和股金等。在农村，申请贷款请信贷员吃饭、给信贷员或负责人拿回扣的事情并不少见。费时费事的申请程序往往打消了借款人的积极性，也使他们丧失了那些资金需求急的生产投资机会。在山西，农信社为了增加资本金，普遍要求借款人在贷款申请受理或批准以前缴纳 50～200 元的“会费”以充做信用社股金，这无疑更加重了农民的负担，提高了他们的借款成本。正规金融机构贷款的高成本是导致农民不得不通过民间金融获得融资的主要原因之一。因此，如果农信社提高利率水平，同时提供更好的服务和更加符合农民需要的金融产品，取消额外收费，反而能够降低农民贷款的总成本，使更多的农民受益。

除了贷款利率的总体低水平，由国家制定的利率还存在其他方面的扭曲。第一，利率浮动幅度作为政府放松利率管制的重要步骤，有其自身缺陷。对浮动上限的不同规定使不同金融机构提供的相同信贷产品产生了价格双轨制。例如，在 2004 年以前，允许农信社贷款利率最高上浮 50%，而农业银行只能上浮 20%～30%，这无疑是把农业银行和其他国有金融机构推出农村市场。第二，金融机构不能对风险更大的借款项目和借款人收取风险贴补，也不能根据地区的差异制定有差别的利率，利率的缺乏弹性进一步产生了公平效率问题。高交易成本和高风险使农业银行将政府指定的扶贫贷款以外的贷款业务基本上撤出了县及县以下地区，而不断累积的不良贷款和亏损也使农信社在贫困地区的贷款逐年减少。正规金融供给不足导致民间金融市场上的利率进一步提高，越来越多的穷人债务缠身，陷入贫困陷阱。第三，尽管到 2002 年法定贷款利率和扶贫贷款利率之间的利差已由1989年的7.2%降至3.1%，但利差毕竟依然存在。而且农信社上浮利率和扶贫贷款之间的利差最高可达10.3%（一年期），显然，扶贫贷款利率大大低于农信社的保底利率，扶贫贷款的低收益使金融机构无心管理，因此贷款的回收率大打折扣（Adams、Graham和Von Pischke，1984）。扶贫贷款的低收益促使农业银行将扶贫贷款多用于项目，而不是直接发放贷款给农户，事实上产生了农村金融市场的不平等竞争，其他国有银行常指责农行用低成本的扶贫贷款参与商业性项目的竞争。

利率的扭曲不仅仅是针对借款人的，金融机构也面临着同样的问题。一方面，自1998年以来人民银行给农信社的再贷款利率就比给其他金融机构的利率低一个百分点（见表9.9），这种补贴性优惠再贷款连同批准给农信社的比其他金融机构大得多的利率上浮幅度，使其他金融机构无法在农村市场立足。但即使如此，农信社的高额亏损和经营成本还是难以弥补。另一方面，人民银行支付给邮政储蓄的转存款利率比支付给其他金融机构的高得多，甚至超过同期法定定期存款利率，因此邮政储蓄能够吸收到大量的农村存款，从而加速了农村资金的外流。和这种资金外流规模相比（2001年底，通过农村邮政储蓄流出农村的资金规模达3 550亿元），支农再贷款的规模远远不够（2001年底支农再贷款余额为650亿元）。

利率的扭曲还是农村金融市场利率改革的障碍。农信社的利率改革试点效果也不理想。2002年，人民银行决定在每个省选一两个县试点利率市场化，目前扩大到92个县（市）。试点内容是，存款利率最高浮动50%，贷款利率最高浮动100%，目的是增强信用社财务能力，挤压民间高利贷的生存空间。但是，在没有其他信贷机构的地区导致局部垄断定价；增加存款人的道德风险，认定农信社不会破产而把资金大量存放至信用社；提高信用社的逆向选择倾向，高风险社以提高存款利率吸收储蓄，影响局部金融稳定；因过度吸收高成本存款而恶化信用社财务状况。

我们还应注意，大部分金融机构采用的贷款利率要远低于所允许的最高贷款利率，因此，该正式的最高利率对大多数农村及农业信贷不具有实际的约束力。

表9.9　1998—2002年金融机构和人民银行利率（名义利率，单位：%）

	1998年7月1日	1998年12月7日	1999年6月10日	2002年2月21日	2003年8月1日	2003年12月21日	2004年10月29日	2006年8月19日
一年期金融机构再贷款利率	5.67	5.13	3.78	3.24				
一年期支农再贷款	4.68	4.14	2.79	2.25				
准备金利率	3.51	3.24	2.07	1.89		1.89	1.89	1.89
在人民银行准备金存款利率	3.51	3.24	2.07	1.89		1.62	1.62	1.62

续表

	1998年7月1日	1998年12月7日	1999年6月10日	2002年2月21日	2003年8月1日	2003年12月21日	2004年10月29日	2006年8月19日
邮政储蓄转存款利率	6.64	5.92	4.60	4.35			4.35	4.35
新增存款转存人行					1.89	1.89	1.89	1.89
已有存款转存人行				4.13	4.13	4.13	4.13	
一年期法定存款利率	4.77	3.78	2.25	1.98		1.98	1.98	1.98

四、市场扭曲下的金融机构行为

（一）农业银行

20世纪90年代中期农业银行的商业化改革，建立了以利润为中心的经营目标，资金的趋利性更加强烈。调查表明，农业银行近年来采取了以下措施来限制农村贷款，促使农村地区资金向外转移。第一，提高欠发达地区分支行资金上存利率，使其向省分行上存资金的收益高于贷款。第二，上收信贷审批权限至省分行，对贫困及主要农产区的县支行制定严格的贷款额度控制指标。例如,贵州省的部分县支行全年只有20万元的（新增）贷款额度，对单个客户的授信不得超过5万元。第三，撤销乡镇一级机构并削减工作人员，仅保留部分储蓄所。1995年至2001年，农业银行人员减少 13%，机构减少 34%，其中大部分为农村地区的支行或分理处。第四，对产生的呆滞呆账贷款实行信贷人员终身负责制。通过减少农村地区贷款，农业银行调整了信贷投向结构，把信贷资金集中于城市和沿海发达地区，并积极发展新的信贷业务品种，以增强资金的获取盈利的能力。1997 年后农业银行的消费信贷业务（包括住房按揭贷款、汽车消费贷款和住房装修贷款）迅速增长，到 2001 年底，其消费贷款余额已达 1 217 亿元，占贷款总额的 9% 左右，2001 年当年消费贷款新增额占新增贷款总额的 35%。

农业银行调整信贷政策的最大受害者是农村地区的广大企业和主要从事非农产品生产的农户。有学者（Woo,2003）指出，1996 年以来农村经济的缓慢增长很大程度上是由于农村金融体系的改变。农业银行和农村合作基金会的退出，加剧了农信社在农村金融市场的垄断，使农村的信贷资金供给更加匮乏。农村的工业企业和非农产业是农村经济的支撑力量，解决了农村大量就业问题。而农村工业和非农产业的发展不足，带来了农村就业压力加大、农民收入下降等一系列问题，这使得我们不得不反思 20 世纪 90 年代中期以来的中国金融体制改革。包括农业银行在内的国有银行商业化改革本身是无可非议的，但改革应当更加注重广泛性和整体协调性。例如，如果对利率的直接控制有所放松，那么也许农业银行会通过调整农业贷款的利率水平来保证农村分支机构的利润，从而避免从农村市场的大规模撤退；如果不对新机构进入农村设置严格的限制，那么也许有其他金融机构自愿进入农村市场，以增强市场竞争性，从而为农民和农村经济提供更好的金融服务；如果政府能够在改革推进中适时增加对农村经济的政策性补助，那么改革的成本也不至于如此之巨。

（二）农信社

正如前面所分析的，现有的利率政策导致了农村金融机构把信贷资金撤出农村，越是贫穷边远地区的农村金融机构，这种冲动越强烈。为了阻止这一倾向，监管机构对农信社资金使用制定了下列控制措施。一是只允许农信社对本乡镇的农户和企业发放贷款（农信社改革后，对本县的农户和企业），其中50% 的贷款必须是给本社社员的，“三农”贷款必须占新增贷款的 70% 以上。二是严格控制农信社的同业拆借业务，同一个县域内的农信社资金拆借必须通过县联社进行，跨县域的必须通过监管机构进行。而且，只有资产质量好、内控机制健全、管理完善、经营具有盈利或连续两年减亏的农信社才被允许对外拆出资金，并且拆出资金规模不得超过该社存款总额的 2%。这些手段不仅在控制农村资金外流方面收效甚微，而且进一步加剧了农村金融市场的扭曲程度。对农信社信贷业务地域上的限制，使农信社贷款过于集中于某一地区或某一产业，面临着更大的地域和产业风险，形成了农信社的高不良资产率。如果农信社坚持小规模经营，并能够充分掌握客户信息，那么上述风险就能够得到某种程度上的克服。然而遗憾的是，经营体制的问题使农信社滋生了严重的道德风险，无动力去获得有关客户的充分信息。

五、政策建议

不当的利率政策会扭曲农村金融市场，也使农村信贷资金迅速流出农村，农村的资金供给也将面临严重不足。政府对利率的管制和由此导致的农村信贷市场的价格扭曲，会加剧农村信贷资金的短缺程度，也会给金融机构的经营带来很大的负面影响，进一步削弱其服务农村市场的能力。

农村工业企业和非农产业是其中最大的受害者。在贫困地区，正规金融供给的减少会导致高利贷盛行，使更多的农民陷入贫困陷阱。受管制的低贷款利率水平不但没有使农村的借款者从中受益，反而加大了他们为获得贷款而支付的大量的额外成本。从宏观上讲，农村金融机构的亏损给国家化解历史包袱造成了一定压力，也对金融安全形成了一定威胁。

对农村信贷资金供给不足必须通过从根本上改变农村金融市场上的价格形成机制来加以缓解，而不能简单地由增加支农再贷款和其他政策性贷款来解决，更不能依靠向农信社施加农业贷款的政策性压力来解决。也就是说，必须按照市场规律，提高农村市场的贷款利率，包括允许农信社对高风险贷款收取风险贴水，使农村金融机构能够按照国际会计准则，提足经营亏损和坏账损失准备金，并使收取的贷款利息足以弥补组织资金的成本（尤其是对老少边穷地区发放贷款的高交易成本）和贷款的风险，从而获得充分的自我发展能力。同时，为增强农村金融市场的竞争性，打破县以下农信社的垄断，监管机构在加强监管的同时，应适时放松对新的金融机构进入农村金融市场的限制。

政府扶持政策的着力点应该放在降低农村地区，尤其是贫穷地区的信贷风险和信贷交易成本上，而不只是用支农再贷款、扶贫贴息贷款来补贴农村金融机构。为控制信贷风险，政府必须采取措施提高农村经济组织和农民的还款能力，这可以通过增加对农民的教育、健康医疗支出和增加农业开发投资来实现，也可以通过改善农业延伸服务，帮助农村地区推广运用农产品优良品种、提高农业科技水平来实现。同时，政府还可以通过发展大宗农产品期货，为农民提供小额农贷的农业保险，为农民个人提供医疗保险来增强其抗风险和还款能力。为降低农村信贷交易成本，中央和地方政府可以对贫困和边远山区的农民自愿性的移民采取鼓励政策，也可以鼓励农村以社区为单位成立储蓄和信贷互助组织（真正的合作金融组织），规范民间借贷，发展非政府组织小额信贷，并将其纳入政府的有效监管之下。

打破农村金融市场垄断是推进利率市场化的前提。单一地推进利率市场化并不能解决农村金融市场的问题。利率市场化必须具备诸多前提条件，尤其是宏观经济的稳定，对金融机构实施充分和审慎监管（Fry，1995）。简单地提高利率水平会引发逆向选择和道德风险，从而加剧农村金融机构的资产质量恶化（Hoff 和

Stiglitz, 1993)。在我国由于农村金融市场中农信社处于垄断地位，简单地放开利率管制，还可能会出现农信社将其经营的低效率通过高利率转嫁给农户。因此，打破农村金融市场垄断与利率市场化改革，是解决农村金融市场问题不可缺少的两项改革。关于中国不同地区农业经济不同的投资回报率和不同的还款能力的量化计算，还需要做进一步深入的调查和研究。

第十章　大型商业银行服务“三农”的模式研究

农村金融中很大一部分是中小企业的金融服务，目前政府号召大型商业银行服务“三农”和中小企业。大型商业银行服务“三农”和中小企业存在一些问题需要解决，本章集中分析了大型商业银行服务“三农”的三个关键问题。通过建立硬信息和软信息框架下的委托代理模型，分析了银行内部贷款审批权分配和激励机制设计，有助于理解大型商业银行服务“三农”的三个关键问题：第一，硬信息和软信息框架下的信息不对称；第二，合理设置基层分支机构的贷款审批权；第三，合理设置基层分支机构的激励机制以控制其在贷款审批中的道德风险。在此基础上，利用相关数据，我们对四大国有商业银行县级支行贷款审批权进行了实证分析，并提出了若干政策建议。

一、研究思路

“三农”金融与中小企业融资在很大程度是重合的，相关问题一直备受全社会关注。近年来，相关政府管理部门从不同方面出台了一系列政策解决中小企业融资难问题。比如：要求所有大中型银行新增贷款的一定比例用于支持中小企业，设立专门为中小企业提升金融服务的专营性机构，有的叫“小企业信贷中心”，有的叫“小企业事业部”等，特别是中国农业银行成立服务“三农”的三农金融事业部；建立中小企业贷款担保基金和担保机构；推动中小企业板和创业板的发展；大力发展新型农村金融机构和小额贷款公司；扩大抵押品范围；逐步放开利率浮动范围；等等。当前，鉴于大型商业银行仍然是我国金融体系的主体，如何引导大型商业银行服务中小企业融资是解决中小企业融资难问题的重要方面。

直到20世纪90年代中期，我国的地方政府对金融特别是银行信贷投放都普遍存在行政干预。当时有一个错误的观念，认为谁的干预多，谁的融资就多，地方经济发展就快。亚洲金融危机爆发后，我国开始明确要求地方政府减少对银行信贷的干预，并将国有银行行长的人事关系上收，各大银行也实行授权授信，将贷款权上收，并开始信贷员的贷款终身责任制。随后，银行的贷款对象开始追求大城市、大项目和大企业，中小企业贷款难的问题开始显现。我们认为大型商业银行服务中小企业融资要解决三个关键问题。一是硬信息和软信息框架下的信息不对称。二是合理设置基层分支机构的贷款审批权。大型商业银行的基层分支机构是贷款审批流程中最早接触中小企业，并对中小企业信息掌握最充分的层级。银行内部贷款审批权如何分配，对中小企业融资、银行利润乃至地方经济发展都有直接影响。三是合理设置基层分支机构的激励机制以控制其在贷款审批中的道德风险。如果没有解决好这三个关键问题，仅仅靠成立专门为中小企业提供金融服务的专营性机构或三农金融事业部无法根本解决中小企业融资难问题。

我们建立了一个硬信息和软信息框架下的委托代理模型，对银行内部贷款审批权分配和激励机制设计进行了全面分析。我们利用中国经济研究中心 2005 年金融生态环境调研数据，结合中小企业融资问题，对四大国有商业银行县级支行的贷款审批权进行了实证分析。在理论和实证分析的基础上，我们探讨了如何解决上述三个关键问题。我们认为，应鼓励银行通过实地考察搜集和积累关于中小企业的包括非财务信息在内的软信息，应建立中小企业违约信息通报机制，应适当扩大基层分支机构的贷款审批权，基层分支机构的薪酬应与中小企业贷款业务的利润挂钩。我们还认为，在一些只有中小企业和农户的农村地区，应在建立有效激励机制的前提下让基层分支机构处理全部贷款申请，为此可以建立控股公司的形式，将基层分支机构重组为独立法人机构。

二、文献综述

我们研究的问题是企业内部权力分配这一更广义问题的特殊情形。迈克尔·詹森和威廉·麦克林在特定知识（specific knowledge）和一般知识（general knowledge）框架下研究了企业内部权力的分配。他们提出，特定知识是传递成本太高的知识，一般知识是传递成本不高的知识。要基于特定知识决策，必须将决策权力分配给掌握特定知识的人，不分权会产生信息成本。但因为企业内部各层级的目标函数不一致，分权会带来代理问题，产生代理成本。因此，最佳分权水平必须平衡信息成本和代理成本。近年来许多研究者使用硬信息和软信息的概念，硬信息相当于一般知识，软信息相当于特定知识。帕特森对硬信息和软信息方面的研究进行了全面综述，从特征、搜集方式和认知因素三个方面比较了硬信息和软信息，见表 10.1。施坦因从公司内部信息生产和传递的角度，研究了不同组织形式做投资决策的效率，从理论上严格证明了以下结论：如果投资决策依据软信息，则分权的组织形式较为合适；如果投资决策依据硬信息，则层级的组织形式较为合适。伯杰和尤德尔根据使用企业信息的不同，将银行贷款技术分成交易型贷款和关系型贷款两类。交易型贷款使用企业财务报表和信用评分等硬信息。关系型贷款使用银行在与企业的长期和多渠道的接触中积累的关于企业的、不能从企业财务报表或公开渠道获得的信息，多属于软信息。伯杰和尤德尔指出，中小企业贷款一般属于关系型贷款，硬信息和软信息框架下的信息不对称是中小企业融资难的关键问题。伯杰等学者基于施坦因的研究对不同大小的银行的放贷行为进行了实证分析，认为小银行更适合服务中小企业融资。

表 10.1　硬信息与软信息的比较

	硬信息	软信息
特征	一般以数字形式存在，是定量的	一般以文字形式存在，是定性的
搜集方式	可以是非人格化的	必须是人格化的
认知因素	不含主观判断、意见或观察	主观判断、意见和观察是软信息的一部分
引申	硬信息更客观和量化，独立于所处语境，在传递过程中不易失真。软信息的主观和定性成分较多，不能脱离所处的语境，在传递过程中易失真。因此，硬信息容易被传递，软信息不易被传递。硬信息的搜集和使用可以分开。而软信息的收集和使用不易分开，软信息的搜集者和使用者一般是同一个人	

目前尚无文献用硬信息和软信息框架研究银行内部贷款审批权分配，比较接近的是朴之水和沈明高。在他们的模型中，银行有中心行与分支行两个层级。银行与企业之间存在信息不对称。企业拿到贷款后只能以一定概率偿还贷款，而银行不一定准确地知道这个概率。关键假设是分支行能利用当地信息，中心行没有这个能力，因此分支行能准确获知企业还贷概率，而中心行只知道还贷概率的大概取值。所以由中心行做贷款决策不能实现贷款的有效配置，将贷款决策权交给分支行符合银行利益。但有两个因素使中心行不将贷款决策权交给分支行，其中一个是代理问题：企业可能向分支行行贿，政府也可能影响分支行的贷款决策，这些都会使分支行向资质不够的企业放贷，从而减少银行利润。[①]

① 朴之水和沈明高提出的另一个因素是承诺失败（commitment failures）：因为分支行具有信息上的优势，由分支行做贷款决策不能形成可信的承诺（也就是使坏的企业相信银行不会提供后续贷款），从而不会硬化企业的预算约束，而由中心行做贷款决策则能较好地解决企业的软预算约束问题。本章没有考虑这一情形。

他们研究中的当地信息实质相当于软信息。在他们的研究中，企业的贷款金额是一样的，分支行拥有当地信息，而中心行完全不拥有当地信息，银行内部贷款审批权分配的形式比较简单，中心行或分支行要么拥有全部的贷款审批权，要么完全没有贷款审批权。

我们在朴之水和沈明高的基础上进行了几个关键改进和创新。第一，明确引入硬信息和软信息框架，建立了一个硬信息和软信息框架下的委托代理模型。第二，引入企业信息中硬信息和软信息比重的异质性，更细致地研究银行内部贷款审批权分配，内生地得到了贷款的分级审批制。第三，讨论最优激励机制设计这一在中小企业融资文献中讨论不多的问题。实证上，我们基于全国范围内的调查数据，分析了四大国有商业银行县级支行的贷款审批权，突破了相关研究主要为案例分析的状况。

三、理论分析

理论模型将银行抽象成中心行与分支行两级并纳入委托代理框架。假设银行与企业之间存在信息不对称。企业有两个特征：贷款金额和经营风险。中心行与分支行都能观察到贷款金额；分支行能观察到经营风险，但中心行只能以一定的概率观察到经营风险，并且该概率是贷款金额的增函数。中心行如果将贷款申请委托给分支行审批，会有两种方向相反的效应：分支行具有信息优势，能提高贷款的配置效率；但分支行的目标函数与中心行不一致，会产生代理问题。中心行为了最大化利润，决定贷款审批权在中心行与分支行之间如何分配，以及分支行的激励机制。

（一）模型设置

1. 基本假设

假设银行分成中心行与分支行两级。中心行决定是否将一部分贷款申请委托给分支行处理，并提供一定激励机制使分支行的决策与自己的利益一致。分支行对委托给自己的贷款申请独立于中心行做出决策。

假设中心行和分支行都是风险中性的。银行的资金成本是 r_i，贷款利率是 r_l。假设 r_i 和 r_l 均是外生给定的，并且 $r_i < r_l$。令 $R_i = 1 + r_i$，$R_l = 1 + r_l$。

企业的类型用（L，θ）来刻画，其中 $L \in [0, 1]$ 是企业的贷款金额[①]，$\theta \in [0, 1]$ 表示企业获得贷款后经营成功的概率。假设 L 与 θ 相互独立，L 的概率分布函数为 $G(L)$，θ 服从 $[0, 1]$ 上的均匀分布。假设（L，θ）的分布是公共知识。

假设企业只有在经营成功时才能偿还贷款：企业（L，θ）经营成功时（概率为 θ）的收入为 R_cL（$R_c > R_l$），经营失败时（概率为 1–θ）的收入为 0。如果银行给企业（L，θ）贷款，企业经营成功时，银行收入为 R_lL；企业经营失败时，银行收入为 0，从而银行的期望利润为（$\theta R_l - R_i$）L。只有$\theta \geqslant \theta_P \dfrac{R_i}{R_l}$的企业（$L$,$\theta$）

① 即将贷款的最大金额标准化为 1。

才能给银行带来正的期望利润，给 $\theta < \theta_P$ 的企业（L，θ）贷款不符合银行利益。

2. 硬信息、软信息和分支行相对中心行的信息优势

假设对银行而言，企业的贷款金额 L 可观测，但取决于银行掌握的信息，经营成功概率 θ 不一定可观测。

一般而言，较大的贷款金额 L 对应着较大规模的企业。对硬信息和软信息的研究表明，企业越大，能提供的硬信息越多。因此，假设企业（L,θ）的信息中硬信息的比重是 $P(L) \in [0,1]$，$P(L)$ 是关于 L 的严格单调递增函数。为模型简便，假设 $P'' \geqslant 0$。在贷款审批流程中，企业信息在银行内部自下而上传递。假设分支行掌握企业的全部信息，但只能将企业信息中的硬信息部分传递到中心行，如图 10.1 所示。

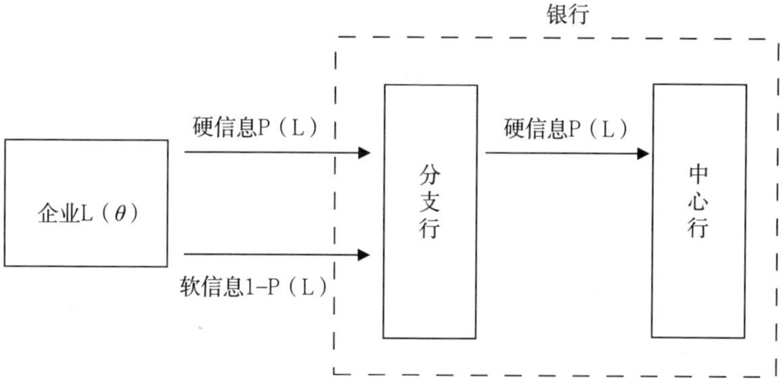

图 10.1　企业信息在银行内部的传递

假设分支行能以概率 1 观测到企业（L，θ）的经营成功概率 θ，中心行以概率 $P(L)$ 观测到企业（L，θ）的经营成功概

率 θ，以概率 $1-P(L)$ 观测到“背景噪声”［0，1］上的均匀分布。即中心行观测到 $\Theta_\theta=\begin{cases}\theta & 概率P(L)\\ uL & 概率P(L)\end{cases}$，其中 u 为服从［0，1］上均匀分布的随机变量。

根据上述假设，中心行能区分贷款金额不一样的企业，不能区分贷款金额一样的企业，因此中心行对分支行的授权是“批量”进行的：对每一个 $L\in[0,1]$，中心行决定是否将 $\{(L,\theta):\theta\in[0,1]\}$ 这部分贷款申请委托给分支行处理。

3. 中心行与分支行之间的代理问题

假设分支行具有与中心行不一致的目标函数，中心行将贷款申请委托给分支行会产生代理问题。参照詹森和麦克林，假设中心行支付的代理成本①由两部分组成：中心行支付给分支行的薪酬和残余成本。

首先考虑中心行支付给分支行的薪酬。假设中心行为使分支行有动力将贷款分配给资质合格的企业，将分支行放贷利润的一定比例作为薪酬支付给分支行，记该比例为 $\lambda\in[0,1]$。分

① 詹森和麦克林指出，委托人为使代理人的决策符合自己的利益，要发生一定的代理成本，包括：委托人为监督代理人而支付的监督成本；代理人为保证不会采取损害委托人利益的行为或一旦采取了上述行为就会补偿委托人而支付约束成本；在监督和约束下，代理人的行为仍然可能偏离委托人的利益，这对委托人而言，也相当于一部分代理成本，这称为残余成本。委托人的代理成本等于监督成本、约束成本与残余成本之和。本书对代理成本的处理与詹森和麦克林略有不同，为简便起见，没有考虑监督成本，中心行支付给分支行的薪酬相当于约束成本。

支行的激励机制λ由中心行的利润最大化问题内生决定。

其次考虑残余成本。参照朴之水和沈明高，考虑$\{(L,\theta):\theta\in[0,1]\}$中某一个资质不够的企业，也就是$\theta<\theta_P$。企业$(L,\theta)$的期望利润是$\theta\left(R_c-R_l\right)L$，企业可以拿出其中的$\overline{\mu}\in[0,1]$部分，即$\overline{\mu}\theta\left(R_c-R_l\right)L$作为贿赂给分支行。此外，地方政府威胁分支行，不放贷将受到数额为$\widetilde{\mu}\theta\left(R_c-R_l\right)L$的惩罚，其中$\widetilde{\mu}\in[0,1]$。分支行给该企业放贷的条件是，分支行得到的贿赂加上免受的地方政府惩罚，高于薪酬的减少量，即$\overline{\mu}\theta\left(R_c-R_l\right)L+\widetilde{\mu}\theta\left(R_c-R_l\right)L\geq-\lambda\left(\theta R_lL-R_iL\right)$。所以，分支行给满足$\theta\geq\theta_P-\dfrac{\left(\overline{\mu}+\widetilde{\mu}\right)\left(R_c-R_l\right)/R_l}{\lambda+\left(\overline{\mu}+\widetilde{\mu}\right)\left(R_c-R_l\right)/R_l}\theta_P$的企业放贷。记

$\mu=\left(\overline{\mu}+\widetilde{\mu}\right)\dfrac{R_c-R_l}{R_l}$，$\Delta=\Delta\left(\lambda,\mu\right)=\dfrac{\mu}{\lambda+\mu}\theta_P$，$\Delta$是$\mu$的增函数。因此，两类道德风险问题表达为：在企业的贿赂或政府的影响下，分支行因为道德风险将放贷标准降低到$\theta\geq\theta_P-\Delta$。给$\theta\in[\theta_P-\Delta,\theta_P]$这部分企业贷款不会给分支行造成损失，却会减少中心行的期望利润。这部分损失就是残余成本。

（二）中心行的利润最大化问题，以及内生的贷款审批权分配和激励机制设计

中心行决定贷款审批权在中心行与分支行之间如何分配以

及分支行的激励机制λ，来最大化利润。中心行的利润最大化问题由两个子问题构成：第一，给定λ，对贷款审批权分配做优化；第二，在第一个子问题的基础上，对λ做优化。

1. 内生的贷款审批权分配

分支行具有信息优势，能实现资金的有效配置，而中心行不具有信息优势，处理贷款申请时会降低资金配置效率，相当于产生了机会成本，沿用詹森和麦克林的叫法，称为信息成本。代理成本的含义前文已介绍。贷款审批权分配取决于信息成本和代理成本的平衡。给定$L \in [0,1]$，对贷款申请$\{(L,\theta):\theta \in [0,1]\}$，中心行权衡信息成本与代理成本。如果信息成本超过代理成本，应该将贷款申请委托给分支行处理；反之，应自己处理贷款申请。

先考虑信息成本。对贷款申请$\{(L,\theta):\theta \in [0,1]\}$，分支行在不存在道德风险时，给满足$\theta \geq \theta_P$的企业$(L,\theta)$贷款。中心行根据观测到的$\Theta_\theta$做贷款决策。当企业资质不够或$\theta < \theta_P$时，中心行的放贷概率是$\Pr\left(\Theta_\theta \geq \theta_P\right)=\left(1-\mathrm{P}(L)\right)\left(1-\theta_P\right)$。此时中心行存在“过度放贷”，但随着贷款金额增加，$\Pr\left(\Theta_\theta \geq \theta_P\right)$减小，“过度放贷”逐渐缓解。当企业满足贷款标准或$\theta \geq \theta_P$时，中心行放贷概率是$\Pr\left(\Theta_\theta \geq \theta_P\right)=\mathrm{P}(L)+\left(1-\mathrm{P}(L)\right)\left(1-\theta_P\right)$，不放贷概率是$\Pr\left(\Theta_\theta < \theta_P\right)=\left(1-\mathrm{P}(L)\right)\theta_P$。此时中心行存在“贷款不足”，但随着贷款金额增加，$\Pr\left(\Theta_\theta < \theta_P\right)$减小，“贷款不足”逐渐缓解。

因此，中心行处理贷款申请$\{(L,\theta):\theta \in [0,1]\}$时，中心行的

期望利润为：

$$\int_0^{\theta_P}\left(1-\mathrm{P}\left(L\right)\right)\left(1-\theta_P\right)\left(\theta R_l-R_i\right)Ld\theta+\int_{\theta_P}^1\left(\mathrm{P}\left(L\right)+\left(1-\mathrm{P}\left(L\right)\right)\left(1-\theta_P\right)\right)\left(\theta R_l-R_i\right)Ld\theta$$
$$=\frac{1}{2}R_l\left(1-\theta_P\right)^2L-\frac{1}{2}R_l\left(1-\theta_P\right)\theta_P\left(1-\mathrm{P}\left(L\right)\right)L$$

其中第一部分是贷款给 $\theta\geq\theta_P$ 这部分企业的期望利润，第二部分是中心行“贷款不足”或“过度放贷”造成的损失。所以贷款申请 $\{(L,\theta):\theta\in[0,1]\}$ 由中心行处理时产生的信息成本为：

$$IC(L)=\frac{1}{2}R_l\left(1-\theta_P\right)\theta_P\left(1-\mathrm{P}\left(L\right)\right)L \quad （公式 10.1）$$

再看代理成本。分支行处理贷款申请 $\{(L,\theta):\theta\in[0,1]\}$ 时，给 $\theta\geq\theta_P-\Delta$ 的企业 (L,θ) 贷款。中心行获得贷款收益的 $1-\lambda$，期望利润为：

$$(1-\lambda)\int_{\theta_P-\Delta}^1\left(\theta R_l-R_i\right)Ld\theta=\frac{1}{2}R_l\left(1-\theta_P\right)^2L-\frac{\lambda}{2}R_l\left(1-\theta_P\right)^2L-\frac{1-\lambda}{2}R_l\Delta^2L \quad （公式10.2）$$

其中第一部分是贷款给 $\theta\geq\theta_P$ 这部分企业的期望利润，第二部分对应着中心行支付给分支行的薪酬，第三部分对应着残余成本。从而贷款申请 $\{(L,\theta):\theta\in[0,1]\}$ 由分支行处理时产生的代理成本为：

$$AC(L)=\frac{\lambda}{2}R_l\left(1-\theta_P\right)^2L+\frac{1-\lambda}{2}R_l\Delta^2L \quad （公式 10.3）$$

命题 10.1，由信息成本和代理成本决定的内生的贷款审批权分配有三种情形。

情形一，在 $(0,1)$ 上总有 $AC(L)>IC(L)$（代理成本总是超过信息成本），此时中心行处理全部贷款申请；情形二，在 $(0,1)$ 上总有 $AC(L)<IC(L)$（信息成本总是超过代理成本），此时分支行处理全部贷款审批；情形三，在 $(0,1)$ 上 $AC(L)=IC(L)$ 有唯一的根 L^*，并且 $L<L^*$ 时 $AC(L)<IC(L)$（信息成本超过代理成本），$L>L^*$ 时 $AC(L)>IC(L)$（代理成本超过信息成本），此时分支行处理 $L<L^*$ 的贷款申请，中心行处理 $L>L^*$ 的贷款申请。

若在情形一中定义 $L^*=0$，在情形二中定义 $L^*=1$，那么命题 10.1 说明分支行处理 $L<L^*$ 的贷款申请，中心行处理 $L>L^*$ 的贷款申请，L^* 是分支行的贷款审批权限。这样就内生地得到了贷款分级审批制。命题 10.2 可用图 10.2 说明。[①]

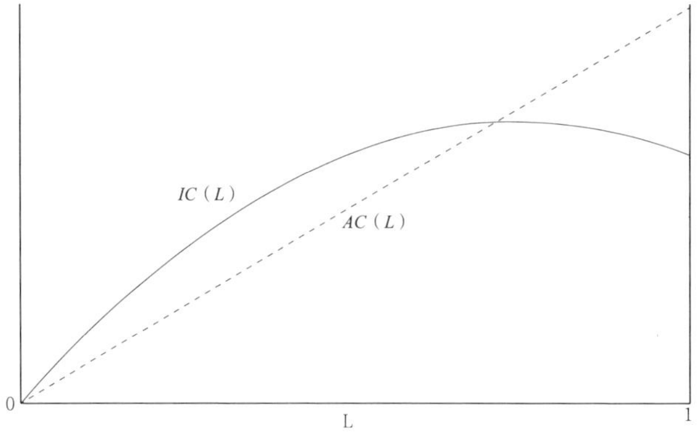

图 10.2　内生的贷款审批权分配

① 需要说明的是，詹森和麦克林用与图 10.2 类似的图像给出了一个关于企业内部最优分权的命题。该命题引用甚广，但詹森和麦克林没有给出严格证明。本章在贷款审批权分配的语境下给出了证明。

2. 内生的激励机制设计

在内生的贷款审批权分配下，中心行的期望利润等于

$$\int_0^1 \frac{1}{2} R_l L\left(1-\theta_P\right)^2 dG(L)-\int_0^1 \min\left\{AC(L), IC(L)\right\} dG(L)$$

（公式 10.4）

中心行的利润最大化问题等价于 $\min\limits_{\lambda\in[0,1]} \int_0^1 \min\left\{AC(L),\right.$ $\left.IC(L)\right\} dG(L)$。这相当于最小化图 10.2 中 $AC(L)$、$IC(L)$ 与横轴围成的区域的面积。注意到信息成本 $IC(L)$ 与 λ 无关，因此中心行的利润最大化问题等价于代理成本最小化或 $\min\limits_{\lambda\in[0,1]}$ $AC(L)$。分支行的激励机制 λ 通过两个方向相反的渠道影响代理成本 $AC(L)$。一是中心行支付给分支行的薪酬，λ 越大，中心行支付给分支行的薪酬越多。二是分支行的道德风险产生的残余成本，λ 越大，$\Delta=\dfrac{\mu}{\lambda+\mu}\theta_P$ 越小，分支行的道德风险越受抑制，残余成本越少。当分支行的激励机制 λ 对中心行支付给分支行的薪酬的边际影响与对残余成本的边际影响在数值上相等时，代理成本 $AC(L)$ 达到最小值，中心行利润最大，此时的 λ 是最优的。

命题 10.2，内生激励机制。

若 $\theta_P<\dfrac{1}{2}, \mu<\dfrac{2\theta_P^2}{1-2\theta_P}$ 或 $\theta_P>\dfrac{1}{2}, \mu<\dfrac{1-\theta_P}{2\theta_P-1}$ 或 $\theta_P=\dfrac{1}{2}$，最优 λ^* 由以下方程决定：

$$\left(\lambda+\mu\right)^3+\left(\mu\frac{\theta_P}{1-\theta_P}\right)^2\left(\lambda+\mu\right)-2\left(1+\mu\right)\left(\mu\frac{\theta_P}{1-\theta_P}\right)^2=0$$

（公式 10.5）

若 $\theta_P<\frac{1}{2},\mu\geq\frac{2\theta_P^2}{1-2\theta_P}$，最优 $\lambda^*=0$；若 $\theta_P>\frac{1}{2},\mu\geq\frac{1-\theta_P}{2\theta_P-1}$，最优 $\lambda^*=1$。

命题 10.2 说明，除了企业平均资质较高（$\theta_P<\frac{1}{2}$）和分支行道德风险较高（$\mu\geq\frac{2\theta_P^2}{1-2\theta_P}$）的情形外，分支行的薪酬应与放贷利润挂钩。另外由图 10.2 可以看出，其他条件不变时，代理成本 $AC(L)$ 越小，分支行的贷款审批权限越大。因此，中心行在最大化利润的同时，也在最大化分支行的贷款审批权限。以下重点关注企业的硬信息比例等于 0 的情形。

命题 10.3，当企业的硬信息比例等于 0 时，在 $(0,1)$ 上总有 $AC(\lambda^*,L)<IC(L)$，即 $\lambda=\lambda^*$ 时分支行的贷款审批权限 $L^*=1$，其中 λ^* 由命题 10.2 给出。此时分支行处理全部贷款申请。

命题 10.3 表明，当企业的硬信息比例等于 0 时，中心行应授予分支行全部贷款审批权。这说明在一些只有中小企业和农户的农村地区，要激励大型商业银行服务中小企业和农户，必须让分支行处理全部贷款申请，但前提是建立有效的激励机制。

（三）对分支行贷款审批权限的比较静态分析

由于数据限制，本书对内生的激励机制设计的分析一定程度上是规范研究，实证部分是针对内生的贷款审批权分配进行的。在给定其他参数（包括分支行的激励机制 λ ）的情况下，这一节对分支行的贷款审批权进行比较静态分析，得到几个待实证检验的结论。

假设中心行评估企业资质的能力或辨认企业类型的能力得到了提高，比如当企业的财务透明度提高时，企业向银行传递的信息中硬信息的比重增加。假设此时分支行的贷款审批权为 $\tilde{L}^*$ 。推论 1，如果在 $[0,1]$ 上，均有 $\tilde{P}(L)\geq P(L)$ ，那么 $\tilde{L}^*\leq L^*$ 。推论 1 说明提高中心行辨认企业类型的能力，中心行会上收贷款审批权。

推论 2 分支行贷款审批权限 L^* 是 μ 的减函数。μ 刻画了企业与分支行的共谋或政府对分支行的影响等引发分支行道德风险行为的严重程度。推论 2 说明企业与分支行的共谋或政府对分支行的影响的程度越严重，分支行的贷款审批权越小。

另外，实证部分的一个考虑是，各地经济发展状况不一，分支行能审批的单笔贷款的最大金额不便直接比较，因此用分支行处理的贷款申请占全部贷款申请的比例 $G(L^*)$ 来刻画分支行贷款审批权，应对 $G(L^*)$ 进行比较静态分析。最优 L^* 的求解过程说明，L^* 与贷款金额的整体分布 $G(L)$ 无关，而且 $G(L^*)$ 是 L^* 的单调递增函数，因此推论 1 和推论 2 对 $G(L^*)$ 也是成立的。再考虑另一个关于 L 的分布 $\tilde{G}(\bullet)$ 。假设 $\tilde{G}(\bullet)$ 对应的地方中小企业的比重比 $G(\bullet)$ 对应的地方大，使 $[0,1]$ 上总有 $G(L)\leq\tilde{G}(L)$ 。而

最优的 L^* 对 $G(\bullet)$ 和 $\tilde{G}(\bullet)$ 是一样的，所以 $G(L^*) \leq \tilde{G}(L^*)$，即在 $\tilde{G}(\bullet)$ 下分支行处理的贷款申请占全部贷款申请的比例更大。从而在中小企业比重越大的地方，分支行处理的贷款申请占全部贷款申请的比例越大，反之则反是。所以中小企业比重是实证分析时要控制的一个变量。

最后对理论模型有两点说明。首先，一些文献指出，银行处理贷款申请时存在较高固定成本，在金额较大的贷款上有规模经济，在中小企业贷款上有规模不经济，这是银行不倾向发放中小企业贷款的一个原因。我们认为，在硬信息和软信息框架下，银行与中小企业之间信息不对称程度比大企业严重是更重要的原因，而且即使考虑处理贷款申请的成本，分支行相对中心行的信息优势，以及中心行与分支行之间的代理问题仍然存在，引入处理贷款申请的成本不影响本书的分析。其次，我们为简便起见假设银行的资金成本和贷款利率外生给定。这不意味着不能处理贷款定价，实际上$\theta \geqslant \theta_P \dfrac{R_i}{R_l}$就体现了贷款利率覆盖风险和成本这一原则。

从以上理论模型可以得出，对分支机构的授权存在代理成本和道德风险，但对中小企业信贷又必须解决信息不对称的问题，关键在于设计有效的激励机制。在一些主要由大中企业存在的地区，可以不授权，完全依靠硬信息放贷。相反，在一些只有中小企业和农户的农村地区，要激励大型商业银行服务中小企业和农户，必须让分支行处理全部贷款申请，但前提是建立有效的激励机制。

四、实证分析

为了检验我国银行业实际授权是否按照理论假说，我们进行了以下实证分析。

实证部分拟检验如下假说。

假说 1，企业财务透明度越高，分支行贷款审批权越小。

假说 2，分支行评估企业资质的能力越强，分支行贷款审批权越大。

假说 3，政府对分支行的影响越大，分支行贷款审批权越小。

假设 4，贷款申请者中，中小企业比例越大，分支行贷款审批权越大。

（一）数据说明

我们使用的数据来自 2005 年中国经济研究中心在全国范围内的一次金融生态环境调查，共涉及 12 个省份（含直辖市）：浙江、江苏、福建、山东、湖北、吉林、江西、四川、重庆、贵州、陕西和宁夏。此次调查是在县的层面进行的，即在每个省份随机选择几个县，调查从 2001 年到 2004 年该县各金融机构的基本情况。共涉及 80 个县，其中浙江 9 个，江苏 6 个，福建 7 个，山东 6 个，湖北 10 个，吉林 6 个，江西 6 个，四川 7 个，重庆 8 个，贵州 6 个，陕西 6 个，宁夏 3 个。被调查的金融机构以四大商业银行为主，共有 239 个县级支行的数据。这 239 个县级支行的分布如下：分银行，农行 71 个（占 30%），工行 55 个（占 23%），建行 63 个（占 26%），中行 50 个（占 21%）；分省份，浙江 28 个，江苏 21 个，福建 23 个，山东 19 个，湖北 32 个，吉林 24 个，江西 22 个，四川 14 个，重庆 23 个，贵州 10 个，陕西 16 个，宁夏 7 个，38% 的样本来自东部省份，33% 的样本来自中部省份，29% 的样本来自西部省份。因此这 239 个样本具有非常好的代表性。

（二）变量定义

支行的贷款审批权。理论上，支行的贷款审批权应该用支行处理的贷款申请占全部贷款申请的比例来刻画，但限于数据可得性，我们用支行审查批准的贷款占全部贷款的比例来近似。这个指标根据调查结果计算，等于支行发放的贷款中，由支行及其下属机构审查批准的比重，扣除其中应上级行要求发放的比重。记该变量为 ApprvRight，取值在 0 和 1 之间。

中小企业财务透明度。这个指标根据调查结果设计。在调查中，对每个支行负责人都问了如下问题："本机构对中小企业贷款申请未受理的主要原因是（按从最重要到最不重要的顺序排序，最重要为 1，最不重要为 7）：（a）企业信用等级低；（b）企业没有足够的抵押品或担保（其余五个选项从略）。"（a）和（b）这两个问题属于硬信息的范畴，涉及支行对中小企业财务状况的认识。如果支行认为这两个问题较重要，可以认为中小企业财务透明度较差。计算支行对这两个问题的回答的算术平均值，得到1和7之间的一个数，记此变量为SMEFinTrans。SMEFinTrans越大，说明中小企业财务透明度越高。根据假说1，中小企业财务透明度越高，支行贷款审批权越小。

支行成立的年数。这个指标直接从调查结果中得到，用于刻画支行评估企业资质的能力，支行成立越久，对当地企业的软信息搜集和积累就越多，评估企业资质的能力也越强，根据假说2，支行的贷款审批权越大。记该变量为EstYears。

政府对支行的影响。这个指标根据调查结果设计。在调查中，对每个支行负责人都问了如下问题：“如本机构有不良贷款，那么贷款未能收回的原因中，当地政府干预：0＝不重要，1＝有一定程度的影响，2＝非常重要的原因。”将支行对这个问题的回答记为GovInflu。GovInflu在0、1、2中取值，数值越大，表示政府对支行的影响越大。根据假说3，支行贷款审批权越小。

向支行申请贷款的企业中，中小企业的比例。这个指标根据调查结果计算，等于向支行申请贷款的中小企业数除以全部企业数。记该变量为ApplcSMEPct，取值在0和1之间。根据假说4，贷款申请者中，中小企业的比例越高，支行贷款审批权越大。

最后，支行的规模也可能影响支行的贷款审批权。我们用支行的员工数量来刻画支行的规模。这个指标直接从调查结果中得到，因其数值较大，将其取自然对数后使用，记该变量为Staff。

我们在实证分析中使用的变量见表 10.2，各变量的描述统计见表 10.3 和表 10.4。2001—2004 年，四大国有商业银行县级支行审查批准的贷款占全部贷款的比例平均为 29%，分银行看，农行 47%，工行 28%，建行和中行约 17%；分省份看，浙江、江苏、福建和吉林较高，在 40% 以上，陕西、江西和湖北较低，在 15% 以下（含 15%）。

表 10.2 变量列表

变量名	变量的含义
ApprvRight	支行审查批准的贷款占全部贷款的比例，取值在 0 和 1 之间
SMEFinTrans	中小企业的财务透明度，数值越大，透明度越高
EstYears	支行成立的年数
GovInflu	政府对支行的影响，数值越大，影响越大
ApplcSMEPct	向支行申请贷款的企业中中小企业的比例，取值在 0 和 1 之间
Staff	支行的员工数量的自然对数

表 10.3 贷款审批权分配相关的变量的描述统计

	均值	标准差	与 ApprvRight 的相关系数
ApprvRight	29%	34%	
SMEFinTrans	2.12	0.79	–0.27
EstYears	19.82	6.54	0.11
GovInflu	0.91	0.67	–0.1
ApplcSMEPct	84%	25%	0.08
Staff	4.74	0.71	0.41

表 10.4　各变量分银行和分省的描述统计

	Apprv Right（%）	SMEFin Trans	Est Years	GovInflu	Applc SMEPct（%）	Staff
总体平均	29	2.12	19.82	0.91	84	4.74
农行	47	1.88	23.25	0.95	88	5.25
工行	28	1.95	17.28	0.88	82	4.85
建行	17	2.38	23.68	0.87	84	4.53
中行	17	2.29	12.94	0.92	80	4.30
浙江	42	2.33	19.46	0.71	89	5.11
江苏	41	1.94	19.93	0.94	83	5.38
福建	41	2.05	18.68	0.90	79	4.89
山东	18	2.37	19.76	1.06	91	4.75
湖北	15	2.05	20.84	1.10	85	4.63
吉林	41	1.98	20.04	0.86	80	4.74
江西	13	2.40	18.41	1.41	87	4.19
四川	34	1.67	21.21	0.58	79	4.72
重庆	36	1.91	19.80	0.65	81	4.88
贵州	21	2.28	21.00	0.89	76	4.22
陕西	12	2.23	20.50	0.77	84	4.35
宁夏	19	2.25	17.50	0.86	78	4.39

（三）回归分析结果

对每组回归给出：解释变量的系数估计，t 值（括号中的数字），所用的样本数（N），R^2（横截面数据 +Tobit 模型中是伪 R^2）以及整体显著性检验的 p 值。*、**、*** 分别表示系数估计在 10%、5%、1% 置信水平下显著（见表 10.5）。为简便起见，不报告各虚拟变量的系数估计。

表 10.5　对贷款审批权分配的回归分析结果

ApprvRight	横截面数据 +OLS	横截面数据 +Tobit 模型	面板数据随机效应 模型
SMEFinTrans	–0.0789***	–0.0993***	–0.0683**
	(–4.31)	(–4.03)	(–2.11)
EstYears	0.0074***	0.0081**	0.0036
	(2.77)	(2.29)	(0.95)
GovInflu	–0.0572***	–0.0678***	–0.0429
	(–3.10)	(–2.81)	(–1.31)
ApplcSMEPct	0.0880*	0.0535	0.0532
	(1.67)	(0.78)	(1.06)
Staff	0.0452*	0.0478	0.0064
	(1.87)	(1.53)	(0.20)
样本数目	498	498	498
R 平方	0.38	0.33	
P 值	0.0000	0.0000	0.0000

在回归分析中，被解释变量是 ApprvRight，解释变量有 SMEFinTrans、EstYears、GovInflu 、ApplcSMEPct 和 Staff，同时还控制了银行和省份的虚拟变量。我们共进行了三组回归。首先是横截面数据的 OLS（普通最小二乘法）回归。其次鉴于被解释变量 ApprvRight 取值在 0 和 1 之间，我们进行了横截面数据的 Tobit 回归。最后我们使用的数据具有面板数据的结构，但解释变量 SMEFinTrans 和 GovInflu 是静态变量，因此使用了随机效应模型。回归结果见表 10.5。三组回归的系数估计值非常接近，说明回归

结果是稳健的。现以横截面数据的 OLS 回归为例说明。横截面数据的 OLS 回归的 R 平方是 0.38，回归整体在 1% 置信水平下显著，各参数估计也是显著的。

SMEFinTrans 的系数估计为 –0.0789，在 1% 水平下显著。说明当地企业的财务透明度越高，支行的贷款审批权越小。这支持了假说 1。

EstYears 的系数估计是 0.0074，在 1% 水平下显著。说明支行成立的年数越长，贷款审批权越大，支行成立的年数增加 1 年，支行审查批准的贷款占全部贷款的比例增加 0.74%。而支行成立的年数代表了支行评估企业资质的能力。因此，支行评估企业资质的能力越强，贷款审批权越大。这支持了假说 2。

GovInflu 的系数估计是 –0.0572，在 1% 置信水平下显著。说明政府对银行的干预越大，支行的贷款审批权越小，如果当地政府干预是支行不良贷款的一个重要成因，支行审查批准的贷款占全部贷款的比例减少 5.72%。这支持了假说 3。

ApplcSMEPct 的系数估计是 0.0880，说明申请贷款的企业中中小企业的比例越大，支行的贷款审批权越大，申请贷款的企业中，中小企业的比例增加 10%，支行审查批准的贷款占全部贷款的比例增加 0.88%。这支持了假说 4。

Staff 的系数估计是 0.0452，说明支行用员工数量衡量的规模越大，支行的贷款审批权越大，支行的员工数量增加 10%，支行审查批准的贷款占全部贷款的比例增加 0.19%（=log（1+10%）*0.0452）。

因此，实证分析对理论部分关于银行内部贷款审批权分配的分析形成了有力支持，说明大型商业银行在设置基层分支机构的贷款审批权时，中小企业融资中硬信息和软信息框架下的信息不对称问题（体现为解释变量 SMEFinTrans 和 EstYears）以及基层分支机构在贷款审批中的道德风险（体现为解释变量 GovInflu）是非常重要的考虑因素。

五、政策建议

我们围绕大型商业银行服务中小企业融资中的三个关键问题进行了理论和实证分析：硬信息和软信息框架下的信息不对称问题，合理设置基层分支机构的贷款审批权，合理设置基层分支机构的激励机制以控制其在贷款审批中的道德风险。关于如何解决中小企业融资中硬信息和软信息框架下的信息不对称问题。因为关注的是分支行相对中心行的信息优势，假设分支行掌握企业的全部信息。实际上该假设可放宽为：分支行只掌握企业的部分信息，并且只能将其中的硬信息部分传递到中心行。此时分支行相对中心行的信息优势仍然成立，不影响本篇的讨论和结论。我们认为，如果没有在这三个关键问题上取得突破，仅仅靠成立专门为中小企业金融服务的专营性机构和三农金融事业部无法根本解决中小企业融资难问题。基于此，有如下建议。

第一，中小银行服务中小企业有其天然优势，目前监管部门鼓励越来越多的中小银行发展成全国性金融机构，不利于解决中小企业融资难的问题。村镇银行本质上仍是金融机构的分支机构，设立村镇银行也不能真正解决问题。应进一步开放金融市场，允许更多的民营资本进入，成立真正意义上的民营银行。同时，规范引导非正规金融和非存款放贷机构，有助于解决中小企业融资难的问题。当然，开放金融市场的同时，要建立健全金融机构市场化的退出机制，建立存款保险制度。此外，大力发展直接融资，尤其是公司信用债的发展，会迫使大银行更多关注低端客户。

第二，如何合理设置基层分支机构的贷款审批权要依靠国有商业银行的进一步改革。前些年，四大国有商业银行普遍上收了贷款审批权，甚至裁撤县以下基层分支机构。2001—2004 年，向四大国有商业银行县级支行申请贷款的企业中，中小企业的比例平均为 84%，但县级支行审查批准的贷款占全部贷款的比例平均只有 29%。我们认为，向县级支行申请贷款的企业中，中小企业的比例与县级支行审查批准的贷款占全部贷款的比例之差，大致反映了中小企业贷款申请中有多大比例由县级支行的上级进行处理，可以刻画贷款审批权的上收程度。2001—2004 年，四大国有商业银行普遍上收了贷款审批权。分银行看，建行和中行贷款审批权上收程度最高，其次是工行，而农行最低。分省份看，江西、山东、陕西和湖北等省份贷款审批权上收程度较高，福建和吉林较低。过度上收贷款审批权，不利于服务中小企业融资，不利于银行赢利，不利于支持地方经济发展。我国国有银行改革上市后，取得阶段性成果，要真正避免贷款对象趋同，还需要使内部激励机制进一步改革，才能真正上下联动。

第三，就银行整体而言，提高对企业信息的掌握，能提高贷款配置效率和利润。比如可以通过完善征信体系，搜集和积累关于中小企业的包括非财务信息在内的软信息，建立中小企业违约信息通报机制。

第四，相关政府管理部门要求为中小企业金融服务的专营性机构和三农金融事业部采取层级管理的组织形式。我们认为这个“一刀切”的规定不一定适合所有银行和地区，应鼓励尝试多种组织形式。

第十一章　新时代农村金融改革的理念与原则

当前和今后一个时期，农村金融改革创新要牢牢把握“金融服务实体经济”的本质要求，坚持市场化发展和政策支持有机结合的基本改革取向，更好地厘清各相关主体的权责边界，避免过多采取行政手段以及简单地将农村金融等同于政策性金融的做法，允许投资者针对不同地区的经济文化及市场需求，选择适当的金融组织形式。下一步，应针对不同类型的金融机构，完善差异化的监管要求，在金融机构的多元化发展和有效金融监管之间寻求合理的平衡点，加快健全开放包容、适度竞争、鼓励创新、风险可控的农村金融体系，更好地服务农业供给侧结构性改革和新型城镇化建设，最终服务于全面建成小康社会的宏伟目标。

一、中国经济转型与农村金融

研究和认识农村金融，必须放在中国经济转型的大背景下。中国经济正在从传统农业向现代农业转变，从封闭的小农经济向开放的市场经济转变，同时还在逐步融入全球经济中。在这样的情况下，农民往往是弱势群体，缺少管理风险的能力。发达国家的经验告诉我们，农村金融很大程度上应该是给农民的生产、生活提供风险管理的工具。我们关注农村金融不能仅仅看农民是不是得到了贷款，可能在某种程度上，农业保险、农产品期货和其他金融工具对农民的作用更大。

随着乡村振兴战略的实施，千家万户的农民融入市场，带来了新的经济组织的创新，比如龙头企业和农业专业合作社，但是支持龙头企业和支持农业专业合作社是有区别的。龙头企业是由几个人控制的，龙头企业在与农民谈判的时候是处于垄断地位的，支持龙头企业可能使利润被拥有龙头企业的人获得，而农民在经济发展的过程中分成比较少。相反，农业专业合作社去参与市场获得利润的时候，农民获得的收益相对来说比较多。同时又存在另一个问题，农业专业合作社的治理机构有些问题，龙头企业相对来说更有效率一些。实际是怎么在效率和公平之间平衡的问题。金融怎样支持这些新兴组织发展，帮助农民在管理风险、分散风险的过程中更好地提高收入、防范风险，这其中有许多值得深入研究和思考的问题。

第一，农村金融尤其要支持一些新型的农村经济组织创新，从而能够把千家万户的农民组织起来进行生产销售并控制住风险。比如说，一些地区的龙头企业与农业专业合作社进行合作，这样的经济组织就能较好地控制市场风险，金融支持这类新兴经济组织比单个支持千家万户农户的效果更好。解决农民的风险管理是农村金融中很重要的工作。

第二，要解决中国农村金融的问题，就必须要解决城市化与工业化匹配发展的问题。我国的城市化发展比较快，大量的农民在城市里打工，但由于目前中国的城市化与工业化的发展不协调，户籍制度、教育和社会保障等制度改革不到位，导致了城市里打工的农民是农民工，而不是城市里面的市民，他们将打工收入中的相当一部分汇回农村老家。从农民工到市民的转化还需要我们做大量的工作。举个例子：苏州有 600 万名外地打工者，他们虽然为当地创造税收，但他们收入不在当地消费，绝大部分汇回家，如果他们能在当地消费、买房子，并把小孩也带过来一起生活的话，教育、医疗、餐饮等服务业马上就发展起来了。正是由于城市化和工业化发展的不匹配、不协调导致就业高度集中在制造业，服务业发展不够，进而导致城乡经济难以协调发展，一定程度上阻碍了从传统农业向现代农业的发展。要解决这个问题除了要改革户籍制度、教育和社会保障制度外，还需要一些配套的政策措施，这也涉及中央与地方的财政体制等。此外，两亿多农民工在城市创业和生活的金融服务也是金融服务的薄弱环节，需要关注。

第三，中国的土地制度不改革，公共财政不发挥应有作用，农村经济和农村金融也很难协调发展。在 1999 年前的 100 年，美国农村土地的年回报率达到了 11% 左右，其中绝大部分是土地升值的收益。如果中国农民的资产每年都有 11% 回报率，那么解决贫富差距和消费问题相对要容易多了。在保持农村土地制度集体产权不能变的前提下，从学术研究的角度还是应该探讨一下，中国的农村金融制度与土地制度之间的关系，以及有没有进一步改革的余地。此外，政府的财政如何从只关注投资收益转向真正的公共财政，这一点也非常重要。金融机构市场化、商业化运作，解决服务“三农”问题，需要政府做好相关配套工作，比如清洁水、社会保障等公共基础设施建设等。一些地方由于农村公共设施建设投入不足，导致农村金融机构实际承担了财政职能和维护社会稳定的职能。多年前，我去贵州的毕节地区做调研时，当地一个农村信用社主任讲：“你看对面的那家农户生了重病要到医院去看病，需要 5 万块钱做手术，我不贷款给他，他就会死，我贷款给他，他又没有能力还，你说我贷不贷给他。”大家可能都觉得肯定要贷给他，但是回过头来仔细想一想，给生病的农民提供贷款或提供资金支持，应当是金融职能还是财政职能呢？正是由于我们的财政在很多方面没有发挥应有的作用，使农村金融机构缺乏健康发展的环境，甚至出现亏损。这种状况同时也引发了道德风险。农村金融机构认为，由于其经营环境恶劣所以才亏损，甚至可以此为借口为自己谋私利。因此改革土地制度，发挥公共财政应有的作用也是应该关注的问题。

二、建立可持续农村金融体系还需要做什么？

（一）农村金融改革是一个系统工程

全面认识农村金融市场。农村金融市场应该是一个分层的多元化的市场。农村金融机构不仅包括农村信用社、农发行、邮储、农行等，还包括证券公司和保险公司等机构；不仅包括正规金融机构，还包括小额贷款公司、村镇银行和担保公司等新型农村金融机构以及非正规金融机构；不仅包括存贷汇市场业务，还包括农业保险、期货和证券等市场业务。农民应该享受多元化的金融服务。

农村金融改革必须存量和增量并重。农村信用社、农业发展银行、邮储、农业银行的机构改革是存量改革，村镇银行等新型农村金融机构创新试点是增量改革。有人认为，农村信用社不行，那就引入新机构代替农村信用社。实践证明这是行不通的，一个地区如果农村信用社完全不考虑成本，不考虑机构的商业可持续性，就会形成恶性竞争；如果农村信用社不改，新型农村金融机构生存就存在困难。因此，必须存量改革和增量改革并重。

（二）激励相容的政策框架有利于提高农村金融市场效率

必须推动政策实施方式由选择性向功能性逐渐转型。我国农村金融支持政策效果不彰的一个重要原因是政策实施方式不当，这不仅造成农村金融机构激励扭曲、农村金融市场扭曲，还加剧了农村信贷市场资金外流。改革方向可以从以下几个角度考虑。一是改变政策实施方式。减少由政府指定机构、获得专项政策或资金支持、从事专项政府指定业务的选择性做法，增加普适性、功能性、竞争性政策支持。就政策支持制定引导和鼓励的标准，任何金融机构开展符合标准的涉农金融服务都可以得到相应的政策支持，不预设机构。以此强化金融机构支农的内在激励，形成公平竞争的市场氛围。二是更多采用市场化激励机制。我国曾经采取严格控制措施限制农村信用社的资金用途，以阻止资金撤出农村，但结果非但没有缓解资金外流，还进一步加剧了市场扭曲，一些农村信用社形成了较高的不良资产率。应当按照市场规律，允许农村信用社提高贷款的风险溢价，整合差别化存款准备金率、支农再贷款、涉农贷款增量奖励等扶持政策，加速从“补利差补机构”转向“奖优奖业务”，并通过财政贴息等方式对贷款进行风险补偿，从而强化金融机构的内在激励，真正增强农村金融服务的可得性和商业可持续性。综合考虑地区差异、金融风险以及健全金融市场等多种因素，优化、细化正向激励措施，根据形势变化完善金融机构支农水平的考核指标体系。

农村金融市场利率应该放开，但要与农村金融市场的放开同步，否则低效经营的农村金融机构会通过高利率将经营的高成本转嫁给农民和中小企业。农村金融机构要实现商业可持续，利率必须放开，以覆盖风险和成本。有一种观点认为农民是弱势群体、农业是弱势产业，应该实行低利率，这实际上是将政府目标和为实现政府目标而采取的手段混为一谈。本意是想帮助农民，实际可能害了农民，因为这样做的结果可能是农民无法获得贷款。农民贷款主要需要的是短期贷款，即使利率水平高，但实际成本并不高。很多人存在的一个认识误区是，认为农村盈利项目很少。实际上，农村有许多短期盈利很高的项目，正是由于这些短期高盈利项目的存在，获得贷款比低利率更重要。此外，如果金融市场充分竞争，高利率也会逐步降低。

（三）农村金融机构的公司治理是关键

农村金融改革应着重解决公司治理问题。中国农村金融市场最需要改革什么？个人认为，中国农村金融市场一直缺少真正花自己钱的、治理完善的金融机构。早在300多年前，亚当·斯密就提到："管别人的钱永远都管不好，管自己的钱才能管好。"农村金融市场缺乏有效抵押品，农民贷款确实不易，这就需要创新。但这种创新应当是基于管好自己的钱的前提，如果不是自己的钱，则很难激励农村金融机构动脑筋认真考虑这些问题。因此，建立花自己钱的和健全公司治理的机构尤为重要。现在的农村金融机构内部人员控制现象突出，其经营目标不是经营利润最大化，而是员工福利最大化。2005年我们关于农村信用社改革后的一份调研报告发现，2003年以来农村信用社改革首先变化的是员工的工资，而不是贷款等金融服务，这是非常明显的现象。再如，我在贫困地区做农村金融调研时，曾经和一家基层信用社主任交谈，我问他："农村信用社能否私有化？"他回答："不能，如果私有化就不会服务三农。"我又问："你们能赢利吗？"他回答："不能。"我继续问："那当地的地下钱庄放贷能赢利吗？"他回答："能。"我接着问："信用社交给你承包，你愿意吗？"他说："愿意。"我问："能赚钱吗？"他说：

“能！”我最后问：“交给你承包后，你最主要做哪些改革？”他说：“削减员工工资和设计合适的金融产品。”正是由于中国的农村信用社机构内部人员控制或外部人员控制、公司治理不完善，这就很难做到既有效率又为“三农”服务。从另外一个角度来看，由于农村金融机构的贷款对象是农民、中小企业，往往缺少抵押品，这就更需要金融机构有很好的激励机制。

建立一个商业可持续的农村金融体系，除了完善公司治理之外，建立有效竞争的农村金融市场也非常重要。从经济学角度讲，垄断是必然导致低效的。中国农村金融的垄断还有一个道德风险的问题。比如某个地区只有一家农村信用社，当这家农村信用社出现经营亏损时会强调其支持“三农”的因素，监管部门因此很难关闭这家机构。从监管部门的角度来看，因为监管的金融机构支持“三农”，所以即使其经营亏损，监管部门也没有责任。从地方政府的角度来说，中央更应该支持这些亏损金融机构，因为它们是支持“三农”的，这就有很大的道德风险。2003 年，农村金融改革的时候，我提出一个设想：有没有可能把有盈利的农村信用社变成一家，亏损的变成一家，而非把一个县的农村信用社变成一家，然后通过政府注资，引进外部资本允许在一个县内跨区经营，从而形成一个有效竞争的市场。但是后来没有这样做，仍然是以一个县为单位统一成立一家农村信用联社。我觉得现在还有一个机会：即在一个地市里，允许农村信用社跨区经营，这样不仅能避免地方政府干预，也是形成一个有效竞争的农村金融市场的最快方式。

（四）有效的监管体制是农村金融健康运行的保证

农村金融安全网的构建需要完善公司治理的金融机构、适当的监管和存款保险制度。没有完善治理的金融结构，监管与管理就会混淆。有人认为农村金融市场不应该开放，因为监管资源不足。如果警察代替司机开车，再多的警察都不够，警察的职责应当是制定规则和维护秩序。因此,只有回归真正的监管,金融秩序才会回归正常。省联社,既是经营机构,又是管理机构,理念上就存在以管理代替监管的问题。监管需要采取及时校正措施，从而及时纠正金融机构的不当行为，如根据机构资本充足率的不同采取不同的措施。否则，会出现实际已经破产的机构与正常机构竞争，引发市场秩序的混乱。

健康的农村金融体系还需要相应的配套制度，包括存款保险制度和对监管的问责制度。20 世纪 70 年代，澳大利亚一家保险公司倒闭，导致澳大利亚的监管部门负责人从上到下全部被换掉，在中国这种情况不可能发生。如果监管没有问责机制，监管者只享有监管权力却不承担相应的监管责任，这是不行的。中国的农村金融监管改革尚不到位，还存在将监管和管理混为一谈的现象。在中国农村金融改革的过程中，出现监管和管理不分以及金融抑制现象是有历史原因的。在 40 年的经济转轨过程中，我国出现了大量的非法集资案件以及农村合作基金会等案件。现在回过头来想，这些案件的发生实际上是因缺乏监管和法律规范造成的。解决问题之道应当是健全和完善法制和监管，而不是代替金融机构的高管去管理经营金融机构，将监管和管理混为一谈。也不能因为出现了一些金融案件，就不敢放开农村金融市场。我们也看到，中国很少出现金融机构倒闭，哪怕之前不良贷款很高的时候也很少出现金融机构倒闭。若将金融体系比喻成一个健康的有机体，这就会导致没有正常的新陈代谢，成为一个僵死的肢体。这实际上是将风险最终高度集中于国家，在某种程度上可以说是以牺牲效益为代价来维持表面上的稳定，这与金融体系分散风险的本质相违背。

三、完善农村金融的改革方式

农村金融机构改革应将自上而下的顶层设计与自下而上的地方探索结合。我国各地农村经济金融和社会地理环境的情况千差万别，仅仅寄希望国家自上而下的统一顶层设计，很难适应各地的特殊情况。同时，金融的外部性很大，还存在中央和地方的博弈问题，机制设计不好，很容易发生道德风险。所以，农村金融改革应将自上而下的顶层设计与自下而上的地方探索相结合。具体而言，中央层面明确改革的原则和红线，在此基础上充分调动地方政府积极性，推动改革创新试点。以农村信用社的改革为例，中央层面明确改革需要遵循的若干原则：以完善公司治理为核心；保持农村金融机构县域法人的长期稳定；地方政府对存量农村金融机构的健康性负责；地方健康的农村金融机构可以纳入存款保险制度；地方层面的主要责任为，为农村金融机构健康发展创造良好的发展环境，避免行政干预；等等。

农村金融机构的改革实际上可以有两种方式：一种是地方政府和存款保险公司、监管部门一起评估农村金融机构，健康的农村金融机构纳入存款保险公司，其余的农村金融机构仍由省联社管理，地方政府对单个农村金融机构研究一机构一策，改革完成后成为健康农村金融机构再纳入存款保险公司，之后，地方政府不再负责农村金融机构，省联社改为行业自律协会或为农村金融机构服务的独立经营组织。二是中央政府鼓励地方政府进行一揽子的农村金融机构改革。如果地方政府有意愿改革当地的农村金融机构，地方政府必须成立类似汇金这样的机构（小汇金），通过小汇金在中小金融机构中持股一定比例。如果地方财政实力不够，可由中央财政发行长期特别国债，地方政府向中央财政借款；也可采取恒丰模式，即地方政府向央行借款。在此基础上，人民银行向存款保险公司出借长期限的再贷款。如果地方政府提出申请，即可在该地方成立存款保险公司的分支机构。存款保险公司与地方政府的小汇金分别注资农村金融机构，持有一定比例的股份。存款保险公司阶段性持股，随着农村金融机构公司治理完善，经营好转，可逐步退出。具体改革方案可在金融委领导下成立由存款保险公司、地方政府小汇金和监管部门的领导小组，制定具体实施方案。方案应在金融委通过后实施。这时的省联社可以变为小汇金，也可以成为行业自律协会或为农村金融机构服务的独立经营组织。

参考文献

[1] Adams D W, Graham D H, Pischke J D V. Undermining rural development with cheap credit[M]. 1984.

[2] Adams D W, Nehman G I. Borrowing costs and the demand for rural credit[J]. Journal of Development Studies, 1979, 15(2):165 –176.

[3] Berger A N, Udell G F. Small business credit availability and relationship lending: The importance of bank organisational structure[J]. Economic Journal, 2002, 112(477): F32–F53.

[4] Berger A N, Udell G F. A more complete conceptual framework for SME finance[J]. Journal of Banking & Finance, 2006, 30(11): 2945–2966.

[5] Besley T. How do market failures justify interventions in rural credit markets? [J]. The World Bank Research Observer, 1994, 9(1):27–47.

[6] Fry M J. Money, interest, and banking in economic development[M]. Maryland: Johns Hopkins University Press, 1988.

[7] Hellnann T, Murdock K. and Stiglits J. Financial restraint: Toward a new paradigm[M], New York: Oxford University Press, 1996.

[8] Hoff K, Stiglitz J E. Introduction: Imperfect information and rural credit

markets: Puzzles and policy perspectives[J]. World Bank Economic Review, 1990, 4(3):235–250.

[9] Jensen M C, Heckling W H. Specific and general knowledge, and organizational structure[J]. Journal of Applied Corporate Finance, 1995, 8(2):0–18.

[10] Jensen M C, Meckling W H. Theory of the firm: Managerial behavior, agency costs and ownership structure[J]. Journal of Financial Economics, 1976, 3(4):305–360.

[11] McKinnon R I. Money and capital in economic development[M], Brookings Institution Press, 1973.

[12] McKinnon R. Gradual versus rapid liberalization in socialist economies: financial policies in China and Russia compared[M]. ICS Press, 1994.

[13] Park A, Ren C. Microfinance with Chinese characteristics[J]. World Development, 2001, 29(1):39–62.

[14] Park A, Shen M. Refinancing and decentralization: Evidence from China[J]. Journal of Economic Behavior and Organization, 2008, 66(3–4):0–730.

[15] Park A. Rural financial market development in China – A report to the World Bank[J]. 1998. Unpublished.

[16] Petersen M A. Information: Hard and soft[J], Kellogg School of Management Working Paper, 2004.

[17] Shaw E S. Financial deepening in economic development[M]. Oxford University Press, New York, 1973.

[18] Stein J C. Information production and capital allocation: Decentralized versus hierarchical firms[J]. The Journal of Finance, 2002, 57(5):1891–1921.

[19] Woo W T. China's rural enterprises in crisis: The Role of Inadequate financial intermediation[J]. Theriogenology, 1989, 31(1):149–164.

[20] Yaron J, Benjamin M D P, Piprek G L. Rural finance: Issues, design, and best practices[M]. Washington, DC: World Bank, 1997.

[21] 贺春临 . 我国银行业的市场结构与绩效研究 [J]. 经济评论，2004(06)：96–102.

[22] 黄范章, 贺力平, 徐忠, 张磊 . 关于农村信用合作社改革的思考 [J]. 经济学家 , 2001(06): 20–25.

[23] 克劳迪奥 , 岗萨雷斯 . 关于利率改革的争论 [M]//[美] 德尔 .W. 亚当斯等，著 . 农村金融研究 . 北京：中国农业科技出版社出版，1986.

[24] 李华民 . 寡头均衡、绩效改善与金融稳定——中国银行业结构变迁的政策取向 [J]. 金融研究 , 2005(08): 23–36.

[25] 刘民权 , 徐忠 . 农村信用社改革和政府的职能 [J]. 经济学 (季刊), 2003(02): 555–572.

[26] 刘民权，俞建拖，徐忠 . 中国农村金融市场研究 [M]. 北京：中国人民大学出版社 , 2006.

[27] 沈明高，徐忠，沈艳 . 中国农村金融研究 [M]. 北京：北京大学出版社 , 2014.

[28] 谢平，徐忠 . 21 世纪以来农村金融改革研究 [M]. 北京：中国金

融出版社 , 2013.

[29] 谢平 , 徐忠 . 公共财政、金融支农与农村金融改革——基于贵州省及其样本县的调查分析 [J]. 经济研究 , 2006(04): 106–114.

[30] 谢平 , 徐忠 . 下一步农村金融改革思路 [N]. 21 世纪经济报道 , 2013–06–10(024).

[31] 谢平 , 徐忠 . 中国农村金融改革十年得失 [N]. 21 世纪经济报道 , 2013–05–13(013).

[32] 谢平 . 中国农村信用合作社体制改革的争论 [J]. 金融研究 , 2001(01): 1–13.

[33] 徐忠 , 程恩江 . 利率政策、农村金融机构行为与农村信贷短缺 [J]. 金融研究 , 2004(12): 34–44.

[34] 徐忠 , 张雪春 , 沈明高 , 程恩江 . 中国贫困地区农村金融发展研究——构造政府与市场之间的平衡 [M]. 北京：中国金融出版社 , 2009.

[35] 徐忠 , 邹传伟 . 硬信息和软信息框架下银行内部贷款审批权分配和激励机制设计——对中小企业融资问题的启示 [J]. 金融研究 , 2010(08): 1–15.

[36] 徐忠 . 改革的改革 [M]. 北京：中信出版社 , 2018.

[37] 徐忠 . 建立商业可持续的现代农村金融框架：中国贫困地区农村金融需求与供给研究 [J]. 金融纵横 , 2005(03): 7–12.

[38] 徐忠 . 金融多元化：农村金融改革绕不开的主题 [J]. 西安金融 , 2007(01): 12–17.

[39] 徐忠 . 农村金融市场开放需要正确处理几个问题 [J]. 中国金融 ,

2008(02): 70–71.

[40] 徐忠 . 小额信贷：国际经验及其对我国启示 [J]. 上海金融 , 2006(08): 50–53.

[41] 易纲 . 中国金融改革思考录 [M]. 商务印书馆 , 2009.

[42] 张晓山 . 深化农村改革促进农村发展——三大制约因素、一个基本认识、两类政策措施 [J]. 中国农村经济 , 2003(01): 4–12.

[43] 中国金融年鉴各期 .

[44] 周小川 . 人民银行在农信社改革中的作用 [J]. 金融信息参考 , 2004(10): 15.

[45] 周小川 . 深化农村金融改革进一步提升农村信用社资本及其质量 [J]. 投资研究 , 2012, 31(01): 4–14.